图说 **历史** 丰碑

秦皇汉武

李默/主编

广东旅游出版社
GUANGDONG TRAVEL & TOURISM PRESS
悦读书·悦旅行·悦享人生

中国·广州

图书在版编目（CIP）数据

秦皇汉武 / 李默主编 . — 广州 : 广东旅游出版社，
2013.10（2024.8 重印）
　ISBN 978-7-80766-674-5

　Ⅰ . ①秦… Ⅱ . ①李… Ⅲ . ①中国历史—秦汉时代—
通俗读物 Ⅳ . ① K232.09

中国版本图书馆 CIP 数据核字 (2013) 第 221339 号

出 版 人：刘志松
总 策 划：李　默
责任编辑：何　阳
装帧设计：盛世书香工作室　腾飞文化
责任校对：李瑞苑
责任技编：冼志良

秦皇汉武
QIN HUANG HAN WU

广东旅游出版社出版发行
（广东省广州市荔湾区沙面北街 71 号首、二层）
邮编：510130
电话：020-87347732（总编室）020-87348887（销售热线）
投稿邮箱：2026542779@qq.com
印刷：三河市嵩川印刷有限公司
　　　（河北省廊坊市三河市杨庄镇肖庄子村）
开本：650×920mm　16 开
字数：105 千字
印张：10
版次：2013 年 10 月第 1 版
印次：2024 年 8 月第 3 次印刷
定价：45.80 元

出版者识

　　《图说历史丰碑》是一部全景式图文并茂记录中国文明历史的大书。出版者穷数年之力，会集各方力量——专家、学者、编辑、学术顾问们，在浩如烟海的历史档案、资料、著作中，探珍问宝，追寻中华文明在悠悠历史长河中的灿烂之光。此书的出版，凝聚了编撰者的心血，学术顾问们的智慧。尤其是李学勤先生，亲自动笔写下了序言，更增加了本书沉甸甸的分量。

　　中华文明的历史充满了辉煌与苦难，成就和挫折。它的历史无处不在，决定着我们中国人今天的思想和感情。当今的中国和中国人是中华文明的历史造就的，是中华文明的历史的延伸，也是它的一个组成部分，中华文明的历史之河奔流到现在。

　　中华文明是人类历史上最伟大的文明之一，是人类文明发展的主要构成。中华文明丰富、深刻、辉煌、博大，在人类文明中的骨干作用和领导作用人所共知。在人类文明的发源时期，中国就是四大古国之一，是地球上文化的策源地之一。在人类文明的早期，中华文明成为文明在东方的支柱，公元前后200年间，人类的汉帝国与罗马帝国这两只铁手攫住了地球。在欧洲进入中世纪的时候，中华文明更成为人类文明最主要的领导，它的文明统治东亚，传遍世界。进入近代，中华文明处于自身的重压和西方的欺凌下，但中国人民的斗争史和奋起精神是人类文明历史中不可缺少的一页。

　　五千年的中华文明为人类贡献出了从思想家孔子到科学技术的四大发明、从唐诗宋词到长城运河的伟大创造，贡献出了从诸子百家到宋明理学，从商周铜器到明清文学的深刻内涵，也贡献出了从五霸七强到三国纷争、从文景之治到十大武功的辉煌历史。中华文明的历史绚烂多彩，在人类文明的历史长河中永放光芒。

　　中华文明也是人类历史上最独特的文明，没有哪一个文明像中华文明这样持久，这样统一一致。世界上其他文明不但互相交错，其创造者也都与高加索体质的人种有关，它们是姐妹文明。在人类历史中，只有中华文明才是独特的，它的创造者是中国土地上的中国人民，与其他任何地方的人民都没有关系，它的文化是统一一致的文化，可以不依赖于其他任何文明而生存，但中华文明也绝不是封闭的，它接受他人的文化，也承担自己对于人类的责任。

　　人类进入新世纪，中国的社会经济发展令世人瞩目。人们对于世界未来的政治和经济结构的估计无不以东亚和太平洋为中心，而尤以中国为重点。

经济起飞只是当代中国的一个方面，中国的精神文明的建设尤为刻不容缓。如果中国要自觉地发展中华文明，要有意识地使中国的发展具有世界意义，就必须发展强有力的精神文化，这样才能使中华文明的发展进入一个新的阶段，才能形成中国和中华文明的全面现代化。

而中国的精神文化的发展植根于中华文明的伟大传统之中。进入近代之后，在西方文化的冲击下，对于中国文化的价值产生大量的情绪化和激烈冲突的论调。"五四"运动打倒孔家店的口号具有冲破封建束缚的时代意义，对中国文化的发展有不容否认的正面意义，与文化虚无主义是完全不同的。文化虚无主义者否定中国传统文化，在现代化的旗帜下主张全盘西化；而复古主义则沉迷于中国文化的古董，走进反进步、反科学的泥潭。

历史的发展则超越了所有这些论点，产生这些论调的一百多年来的中国近代史已经结束。历史要求中国发展，要求中国走在全世界发展的前列。西化论和复古论都已过时，历史已经要求世界超越西方，中国可以承担起世界的命运，而中国的现实和世界的历史都说明，中国的使命在于它的发展前进，而非倒退。

中华文明走出迷惘的时代，我们这一代处在一个伟大而具有挑战的历史阶段。

总结历史、展望未来，这就是《图说历史丰碑》的意义和使命。我们创作《图说历史丰碑》，力求总结和回顾中华文明的全貌，在内容和形式上都开创一个新的局面。在内容结构上，既具有一定的深度，又具有相当的广博性，既有严谨、准确的学术价值，又有活泼、流畅的可读性。我们在本丛书内容纳了中华文明的各个方面，使它综合了大规模学术著作的系统性、严密性和普及读物的全面性、简易性，它既可作为大型工具书检索中华文明的各个成分，又可作为通俗的读物进行浏览。

我们从上世纪 90 年代初起就开始思考中华文明的历史和现实问题，并逐渐形成了编著《图说历史丰碑》的设想。在开展这项庞大的文化工程之始，我们就聘请了国内权威学者李学勤、罗哲文、俞伟超、曾宪通、彭卿云诸先生担任学术顾问，他们对计划作了充分讨论，并审阅了大量初稿。我们聘请了广州、香港地区的社会科学学者、大学教师、研究生以及我社编辑人员几十人担任稿件的撰写工作。

通过创作这部书，我们深深地感受到了中华文明的博大精深，也感受到了它的内在缺陷。中华文明具有辉煌的时期，也有苦难的年代，有它灿烂的成就，也有其不足的方面。中华文明在自身中能够吸取充分的经验和教训，就能够使自身健康壮大，成长发展。

通过创作这部书，我们也深深感受到了出版事业的使命和重任。我们希望这部书能受到广大读者的喜爱，起到它所应当起的作用。为中华文明的反省、前进和奋起作一点贡献。

目　录

秦灭齐统一中国 / 001

秦始皇开创帝制 / 006

李斯确定篆书·秦统一文字 / 010

秦筑驰道 / 012

秦代漆器形式创新 / 014

秦始皇泰山封禅 / 018

高渐离击秦王 / 020

博浪沙张良椎击始皇 / 021

秦始皇求仙·徐福东渡日本 / 023

喜入葬云梦睡虎地 / 025

灵渠建成·沟通南北水系 / 026

秦代万里长城修建 / 028

蒙恬北伐匈奴 / 031

秦汉军服定型 / 034

秦始皇焚书坑儒 / 035

秦始皇修建阿房宫骊山陵墓 / 037

秦始皇病死沙丘 / 039

秦式篆刻定形 / 041

秦始皇下葬骊山 / 042

震惊世界的第八奇迹：秦皇陵兵马俑 / 044

陈胜吴广大泽乡起义 / 051

刘邦起兵于沛 / 052

陈胜、吴广被杀 / 054

李斯被腰斩 / 056

项梁立楚怀王孙为王 / 056

赵高专权·指鹿为马 / 057

巨鹿大战·项羽威震诸侯 / 058

张良依附刘邦 / 059

刘邦入关灭秦 / 060

刘邦约法三章 / 062

项羽分封·自任西楚霸王 / 064

鸿门宴 / 065

韩信暗渡陈仓 / 066

楚汉相争·彭城大战项羽大败刘邦 / 068

韩信背水一战 / 070

楚汉相聚广武·划鸿沟为界 / 072

刘邦称帝 / 074

项羽自刎乌江 / 074

刘邦分封同姓王 / 075

韩信被贬 / 077

刘邦被围白登 / 078

汉与匈奴和亲 / 078

吕后诛杀韩信 / 079

汉高祖预定后事 / 081

吕后毒杀赵王 / 081

长安城建成 / 082

张良闭门学道 / 084

吕后临朝称制 / 085

吕后病死 / 086

汉文帝诏举贤良 / 087

汉文帝休生养息 / 088

汉文帝除肉刑·改革刑制 / 089

选士制度鼎盛 / 091

周亚夫屯军细柳 / 093

汉文帝去世 / 094

汉景帝即位 / 095

晁错被杀·七国叛乱 / 096

周亚夫平定七国之乱 / 097

汉景帝诏谳疑狱 / 100

李广智退匈奴 / 102

汉景帝死·汉武帝立 / 102

董仲舒献天人三策 / 104

窦太后贬抑儒臣 / 105

淮南王刘安献书 / 105

马邑之谋功败垂成 / 106

张骞初使西域 / 106

汉置五经博士 / 107

汉武帝独尊儒术 / 108

汉武帝诛杀灌夫 / 108

汉通西南夷 / 109

李少君见武帝·方士开始兴盛 / 110

汉武帝重编京师诸军·改革中央军队 / 111

汉武帝改革官制加强中央集权制度 / 113

汉武帝兴修水利 / 115

汉武帝纳主父偃建议颁行推恩令以限制诸侯王 / 115

飞将军李广威震匈奴 / 117

汉武帝设博士弟子员 / 118

卫青任大将军屡败匈奴 / 119

汉政府卖爵 / 120

张骞通西南夷 / 120

淮南、衡山王谋反失败 / 121

董仲舒提出三纲五常 / 121

霍去病击匈奴·浑邪王降汉 / 123

瓠子连年决口汉武帝亲临治河 / 125

汉发明井渠施工法 / 127

漠北大战·汉匈自此无大战 / 128

汉武帝大兴水利 / 129

张骞再使西域 / 130

李广自杀 / 131

司马相如病逝 / 132

汉军平定西南夷 / 132

汉征四方 / 133

落下闳参与改革历法 / 135

汉武帝巡行天下封于泰山 / 135

丝绸之路形成 / 137

朝鲜降汉 / 139

司马迁开始撰《史记》/ 140

刺史监察制度设立 / 140

李广利伐大宛 / 141

苏武使匈奴 / 142

董仲舒病逝 / 143

汉崇尚五帝太一 / 144

汉武帝建造建章宫 / 146

李陵降匈奴 / 147

司马迁受宫刑 / 148

汉武帝作沉命法 / 148

李广利降匈奴 / 149

汉武帝刘彻祀神求仙 / 149

汉武帝颁轮台罪己诏 / 150

盐铁会议 / 151

秦灭齐统一中国

　　始皇二十六年（前211），秦将王贲攻陷齐国，至此，秦统一了六国，建立了中国历史上第一个中央集权的国家。

　　秦国从商鞅变法以来，继续提倡耕战，鼓励人民发展生产，经济增长速度不断上升，国富民强。同时，吏治整肃，军队精锐骁勇。从秦王政十七年（前230）起，秦王用远交近攻、分化离间、各个击破的战略原则，相继灭掉韩、赵、燕、魏、楚五国。到秦王政二十六年，秦将王贲灭燕后，南下攻齐。

　　齐国原是周初分封的诸侯国，始封君吕尚（即姜子牙），建都营丘（后称临淄，今山东淄博东北）。齐长期与秦国东、西对峙，一度互称东、西帝。前284年，燕将乐毅率五国之师伐齐，攻下齐国70余座城，从此，齐国国势开始中衰。战国末年，齐国与秦国修好，为图自保，听任秦国逐步攻打消灭其余五国。

　　前221年，秦将王贲从燕南攻齐都临淄，齐王建听信齐相后胜的话，不作抵

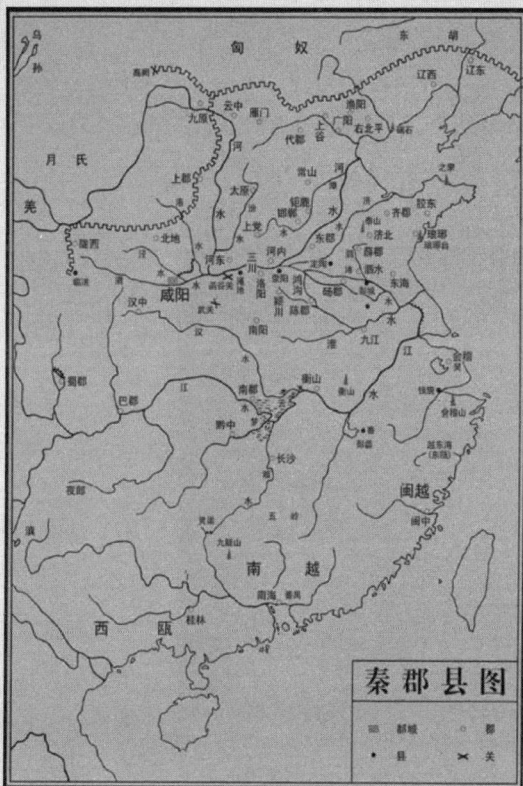

秦郡县图

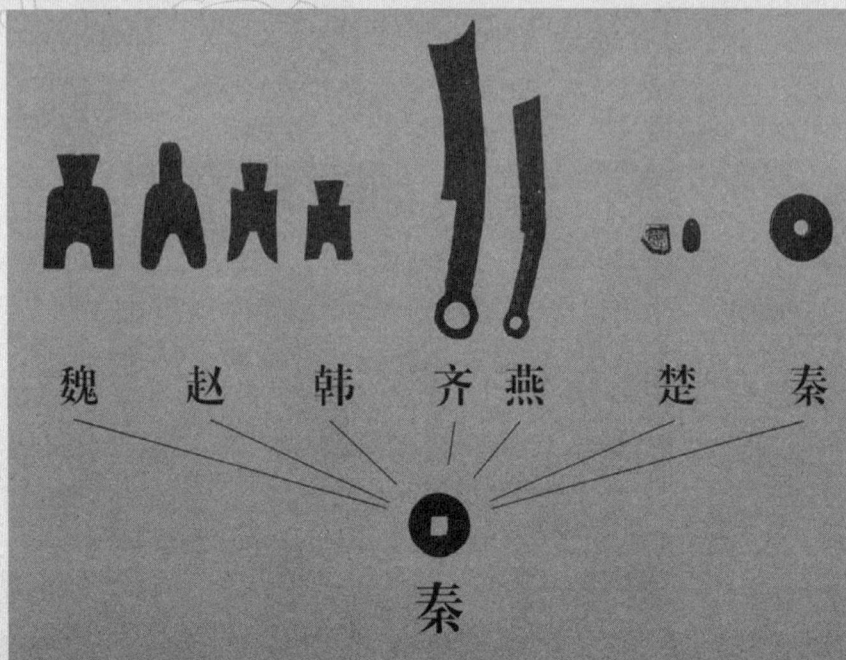

魏　赵　韩　齐燕　楚　秦

秦

秦统一六国货币简图

秦俑军阵一号坑——威武雄壮的右军

御，轻易降秦。秦兵进入齐都临淄，把齐王建迁到共（今河南辉县），从此，齐国灭亡。

秦灭齐之后，统一了全国，结束了春秋战国以来诸侯混战的局面，建立了中国历史上第一个统一的多民族的专制主义中央集权的封建王朝，为封建社会经济发展奠定了稳定的政治基础。在政局稳定、经济发展的基础上，封建社会的文化也进入了新的发展阶段。秦统一中国，使文字、货币、度量衡的统一成为可能，促进了政治、经济、文化以及各地区交流的发展。

秦始皇二十六年诏版

秦始皇像

两诏秦椭量

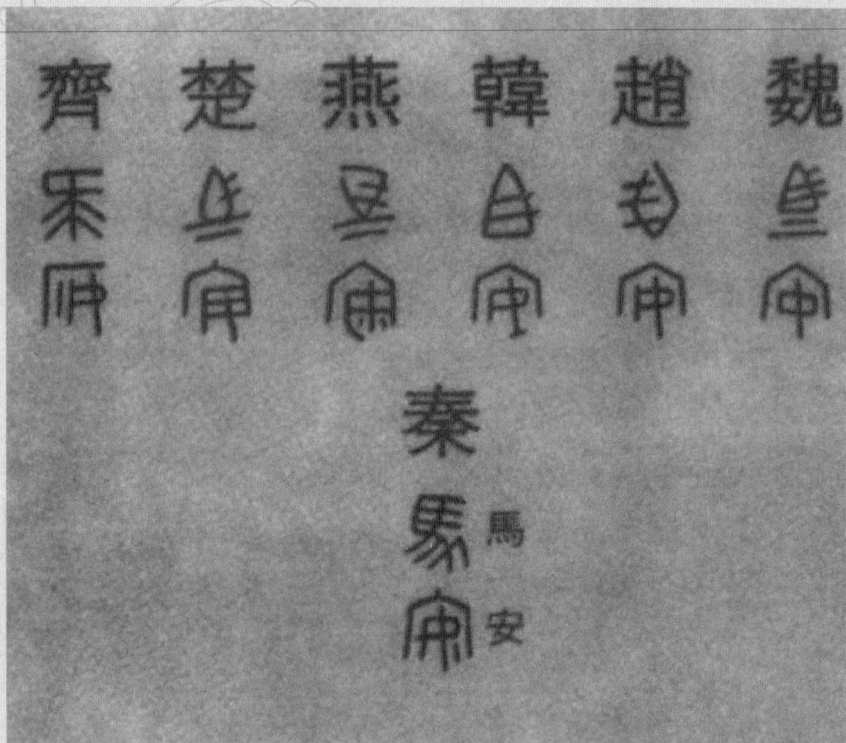

统一文字表

秦始皇二十六年诏八斤权

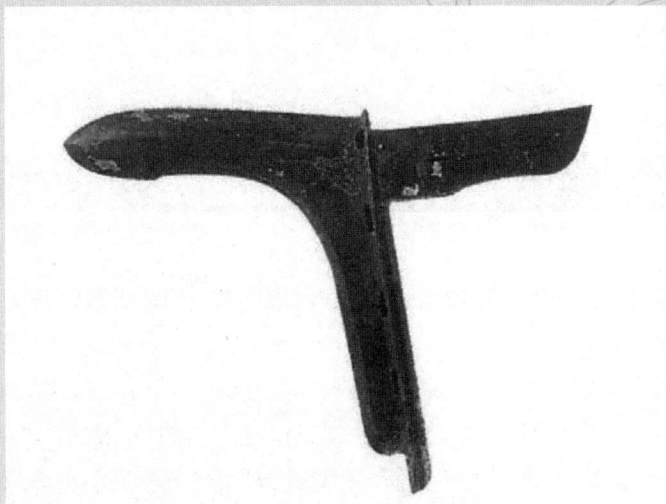
秦始皇二十六年戈

秦始皇二十六年两诏版

秦始皇开创帝制

秦始皇二十六年（前221），秦消灭六国，统一全国，嬴政更改名号，称始皇帝，开创了帝制。

嬴政认为自己德迈三皇，功过五帝，继续称"王"不足以称成功，于是命令臣下议帝号。丞相王绾，御史大夫冯劫、廷尉李斯等人认为："古有天皇，有地皇，有泰皇，泰皇最贵。"因而尊称嬴政为"泰皇"。嬴政不满，于是把"泰"字去掉，取"皇"，采用上古时"帝"位号，称"皇帝"。又下令取消谥法，自称"始皇帝"，后世依次为"二世、三世至于万世，传至无穷"；皇帝自称"朕"，大印称"玺"，命称为"制"，令称为"诏"。

始皇二十六年（前221），丞相王绾请封诸皇子为燕、齐、楚王，得到群臣的赞同。廷尉李斯力排众议，主张废除分封制，全面推行郡县制度。秦

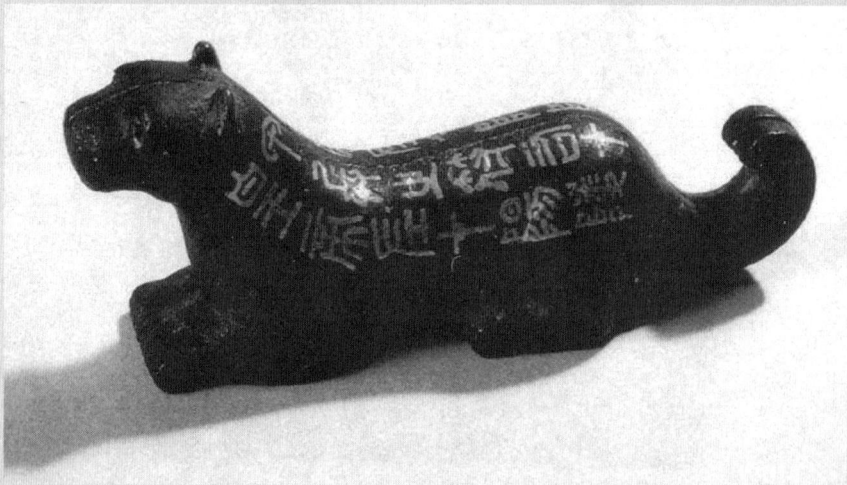

秦阳陵虎符

秦陶量。秦代度量衡器。

始皇接受了李斯的建议，把全国分成三十六郡，以后又陆续增设至四十余郡。中央集权的制度从此确立。

秦始皇以战国时期秦国官制为基础，建成一套适应统一国家需要的新的政府机构，即三公九卿制及郡县制。在这个机构中，中央设丞相、太尉、御史大夫。丞相有左右二员，掌政事。太尉掌军事，不常置。御史大夫是丞相的副贰，掌图籍秘书，监察百官。丞相、太尉、御史大夫以下，是分掌具体政务的诸卿。

地方行政机构分郡、县两级。郡设守、尉、监（监御史）。郡守为郡长官。郡尉辅佐郡守，主管兵事。郡监司监察。县，万户以上者设令，万户以下者设长。县令、长领有丞、尉及其他属员。郡、县主要官吏由中央任免。县以下有乡，乡设三老掌教化，设啬夫掌诉讼和赋税，设游徼掌治安。乡下有里，是最基

秦两诏文空心铜权

层的行政单位。里有里典（后代称里正、里魁），以"豪帅"即强有力者为之。此外，还有司治安、禁盗贼的专门机构，叫做亭，亭有长。两亭之间，相距大约十里。

早在秦献公十年（前375），秦国就建立了以"告奸"为目的的"户籍相伍"制度。秦王政统治时期，户籍制度趋于完备。秦始皇三十一年更"使黔首自实田"，即令百姓自己申报土地。土地载于户籍，使国家征发租税有了主要依据。

秦始皇统一六国以后，以秦律为基础，参照六国律，制定了全境通行的法律。秦律经过汉朝的损益，成为唐以前历代法律的蓝本。

秦统一了度量衡。前221年，秦始皇颁布"一法度衡石丈尺"诏书应录，规定依秦制划一全国度量衡标准，度量衡器由官府遵诏书负责监制，民间不得私造。凡制造度量衡器，皆需铸刻诏书全义。结束了战国以来度量衡制不一的局面。同时，诏书规定了田亩制度，也结束了田畴异亩的现象。

秦下令废除秦以外通行的六国刀、布、钱及郢爰等货币。秦制定币制，统一货币，以黄金为上币，以镒为单位，重20两，铜币为下币，重半两，规定珠、玉、龟、贝、银、锡等物只作器饰珍藏，不能充作货币。金、铜货币成为行通全国的法定铸币。

秦始皇还采用了战国时期阴阳家的"终始五德说"，以辩护秦朝的法统。秦得水德，水德尚黑，所以秦的礼服旌旗等都用黑色；与水德相应的数是六，所以符传长度、法冠高度各为六寸，车轨宽六尺，与水德相应，历法以亥月即十月为岁首，等等。秦设立了中国文明的帝制典范。讲中国历史，绝不能不讲秦，秦的制度决定了汉（甚至魏晋）的文明形式。

秦确实是个暴政王朝，它给当时的人民带来了巨大的苦难，但在文明的发展上，秦作出的贡献比它带来的灾难要多。秦在政治和社会上是战国文明绝对化的阶段。汉代，甚至我们今天所使用的文明形式很多来自秦代。

秦的行政制度是中国历史上最大的进步之一，郡县制和废除分封、消灭六国贵族和大工商业主有相当的进步意义。秦的帝国体制是中国社会结构的一大进步，中国文明从此进入了先进的文官制时代，这个时代到现在还未结束。

秦的官营手工业是将工商业专制化，但也是将它工程化，秦汉文明在经济上的高度发达（在当时世界上首屈一指）很大程度上归功于它。

秦的书同文、车同轨、行同伦、统一度量衡不只是专制，更是文明的绝对化，这些文明形式统一于一个形式之中。

这一点在文字上更明显，秦统一六国文字不是个简单的一致化，也是一个升华：小篆是一个古典典范。实际上，在秦代，隶化倾向已经出现，各国手写体也互相靠拢。但秦的官方文字，特别是作为标本颁出的文字小篆在形式上达到一种高度的形式化，它的平直圆的字体和匀称的结构在今天也很少能有人写得好。它如同一切古典典范一样，在形式上达到了绝对化，从而与一般实用的字体区别开来。在今天，小篆也是用作表示官方、法定意义的古典主义字体。

秦的艺术具有中国文明古典典型的特征。它的宫室（例如阿房宫）、陵墓已不可见，长城则在今天也还被作为中国的象征，这是雄浑品格的见证，它表现了这一时期艺术形式的绝对性和力量的宏大性。

至于当代才发现的秦始皇陵的兵马俑则是战国艺术的绝对化。它应该代表了战国雕塑艺术的最高水平。

秦的制度为汉初所继承。它的政治结构奠定了帝国体制的基础，它的三公、列卿、考课、监察制度在战国时代的小国政治中是不可想象的。它的法律素称严酷，但若一条条考察起来，并非十分不合理，只是惩罚过于严重。它和秦的政治制度一样，不管内容如何，在形式上都是中国法制的代表。

因此总的看来，秦在政治和社会上都将战国文明升华到了一个充分展开的形式化高度。在帝国体制中，各种文明形式得到丰满的表现，并内化于制度中。秦的博士制即使不太成功，也体现了秦人将文化固定化、全民化的努力。

李斯确定篆书·秦统一文字

战国时，文字的形体非常紊乱，各国文字不统一，不但字体不同，同一个字所采用的声符、形符也都有很大差异。秦统一六国后，"文字异形"给政令的推行和文化的交流造成严重障碍，于是秦始皇责令丞相李斯负责对文字进行整理，除去和秦国文字出入较大的，制定出新字体作为官方文字。李斯取史籀大篆，创造小篆，并使之成为秦代官方文字。

李斯不仅是秦代政治家，还是书法家。他对篆书有很深的造诣，北朝王愔《古今文字志目》、南朝羊欣《采古来能书人名》，都推李斯为秦代书法家之首。为统一文字，李斯作《仓颉篇》，取史籀大篆，创造小篆，他所书的篆书骨气风韵方圆妙绝，对后代篆书影响很大。同时代的书法家赵高作《爰历篇》，胡毋敬作《博学篇》，也都以大篆作基础创造出小篆，对小篆的形成作出一定的贡献。

由大篆经省改而形成的小篆，形体长方，用笔圆转，结构匀称，笔势瘦劲俊逸，体态典雅宽舒；字形图画性减少，线条符号性增强，异体字已经很少，偏旁部首的写法和位置基本固定，字形比较简化，是中国文字发展史上的一大进步。小篆之后的文字称今文，之前的则是古文。

李斯确定篆书，秦统一文字，结束了战国以来文字异构丛生，形体杂乱的局面。篆书成为官方文字，具有权威的意义，之后历代官方更

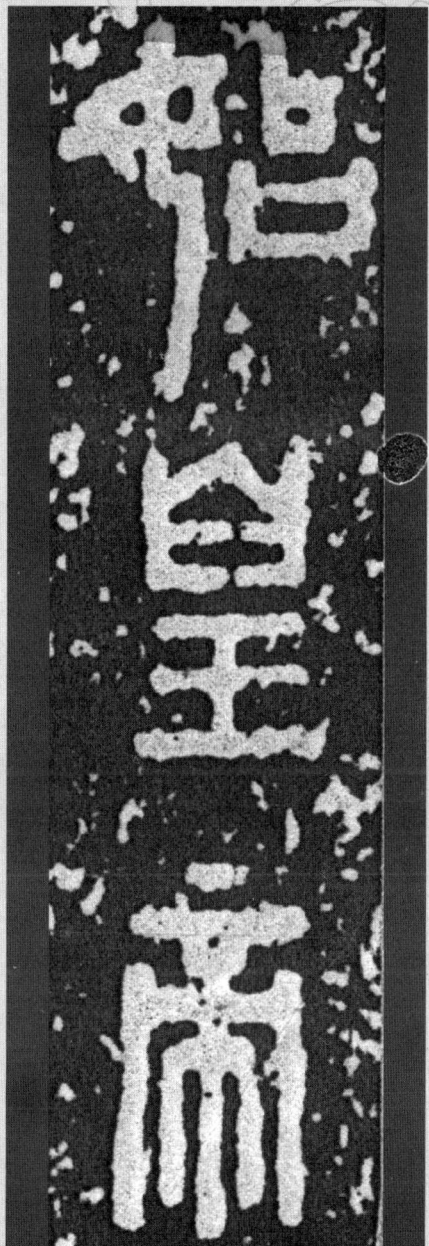

秦代书体"始皇帝"

采用篆书作印章文字。而文字的统一推动中国文化的统一，在中华文明史上有不可忽视的作用。

秦代篆书主要用于官方文书、刻石、刻符等，流传至今的作品《泰山刻石》、《琅琊台刻石》、《绎山刻石》、《会稽刻石》，相传都出自李斯之手。《泰山刻石》风格圆润，严谨工整；《琅琊台刻石》用笔既雄浑又秀丽，结体的圆转部分更为圆活，二者都是秦代小篆的代表作。

秦筑驰道

秦始皇二十七年（前220），秦始皇完成消灭六国、统一中国的大业，为了控制广阔的国土，特别是六国旧境，并便于政令军情的传送和商旅车货的往来，遂下令在全国各地修筑驰道。筑道工程以秦的都城——咸阳为中心向各地辐射，东至燕、齐（今京津地区及山东），南达吴、楚（今江苏与两湖地区），北抵九原（今内蒙古包头西北），西通陇西（今甘肃临洮），形成较为完整的交通网络。驰道宽50步，路基均用铁锤夯实，较为坚固；道中央宽3丈，为车马专用道路，每隔3丈植松树一株，作为标志。

秦驰道示意图

驰道两旁辅以小径，为百姓行走之途。继这项工程之后，在秦始皇三十五年（前212），秦始皇又命令大将蒙恬主持拓筑从九原至云阳（今陕西淳化西北）的直道，其间凿山填谷1800余里，解决了许多工程技术难题。上述两项工程均极为浩大，历时数年，花去大量的人力财力。

　　秦始皇自己多次顺着驰道巡游郡县，在很多地方刻石纪功，以示威强。

古代驰道遗迹

驰道、直道修成之后，极大地方便了整个国家的陆路交通，有利于生产力的发展，而且，这些工程作为秦始皇"车同轨"的大一统政策的主要措施，更是迅速促进了全国政治、经济、文化诸方面的联系，有效地维护了秦朝的统治。

秦代漆器形式创新

战国秦汉是我国漆器第一次重大发展时期，产地广，数量多，品种全。

秦代在这一漆器大发展的时期中是一个承前启后的朝代。秦代漆器过去所知甚少，自1975年以来，几次重要考古发掘把这一时期的惊人成就展现于世。

在湖北云梦睡虎地秦墓和河南泌阳官庄村秦末墓葬中发掘了许多秦漆器。主要品种有凤形勺、双耳长盒、盂、圆盒、壶、扁壶、耳杯、长方形盒、盘、匕、樽、卮、圆奁、椭圆奁、杯等。这些漆器与荥经、青川等地出土的战国漆器相比，可明显看出它们属于同一工艺体系。只是随着时间的推移，在战国时期工艺水平的基础上又有了新的发展，很多物品在形式上有所创新。

云梦发现的凤形勺，利用凤背挖成勺，头颈做成把，彩绘羽毛及头的细部，是前所未有的新品种，尤其是睡虎地34号秦墓出土的一件彩绘兽首凤形勺，

秦彩绘云龙纹椭圆形漆奁

秦漆壶彩绘牛马图（牛）

更为奇特。

　　秦代漆器在图案上的创新主要体现在大量使用变形鸟头纹，并用横线连接，布满全器，图案性强。青川出土的战国双耳长盒或只有鬃黑漆，或只有朱绘器口，而云梦的秦代漆盒则多有精美图案，在盒的两端绘有很像眼睛的花纹，并利用突出的器耳画成仿佛猪豚的嘴鼻，产生既庄重而又诙谐的效果，由于花纹多为写实性的，所以比起前代来呈现出全新的面貌。一些彩绘漆器，虽然不是十分工细，却笔简神完，彩绘扁壶上雄壮有力的犀牛、并肩前进的奔马和飞鸟等图案，

秦彩绘兽首凤形漆勺

秦彩绘变形鸟头纹漆卮

都是前代未有。有一件耳杯，内底只画有两尾小鱼，别无纹饰，更是从繁缛的装饰中解脱出来的大胆突破。

秦代漆器技法上也有创新，有一件漆卮粘贴着用银箔刻成的图案，然后沿着花纹边缘再用朱漆勾线，这种技法可能是初创，只在云梦发现一件这样的制品。

秦代漆器工艺分工较细，这正是西汉漆器数十字长铭的前奏。一些云梦漆器上有烙印、针刻或漆书

秦彩绘几何纹铜箍三蹄足漆樽

秦彩绘铜箍三蹄足漆樽

秦彩绘铜扣漆盒

秦彩绘鱼鹭纹漆盂

秦彩绘云龙纹漆盒

文字和符号，用"咸亭"、"咸市"代替荥经、青川战国漆器上的"成草"、"成亭"字样。据研究，应是"咸阳市亭"的省称，这些漆器应是秦代咸阳市亭所管辖的漆器作坊产品。此外，还有不少针刻铭文中有"里"字，如"安里皇"等，应为漆器作坊所在地的里名及制作工匠的名字。另外，漆工工序的名称如"素"、"包"、"上"、"告"等也开始在漆器上出现。

在江陵和岭南等地也发现了不少秦漆器，说明秦统一天下后很快就把中央的文化艺术推广到了全国。

秦始皇泰山封禅

秦始皇二十八年（前219），秦始皇在泰山封禅，刻石纪功。

封禅是古代统治者祭告天地的一种仪式。所谓"封"，是指筑土建坛祭天。古人认为五岳中东岳泰山最高，而且东方是万物始发和阴阳交替之地，人间的帝王应到那里去祭告上帝，表示受命于天。所谓"禅"，是指祭地，即在泰山下小山的平地上祭地。"封"与"禅"是同时进行的，但"封"比"禅"要隆重得多。

《纪泰山铭》

相传，上古时代就有封禅的说法。夏、商、周三朝到泰山来举行封禅大典的有72位君主，但秦始皇之后才有文字记载。它的仪式复杂神秘，各朝代不尽相同。实际上，封禅是一种具有政治目的而又带有宗教性的祭祀活动。

前219年，秦始皇率领文武大臣及儒生博士70人，到泰山去举行封禅大典。由于长期

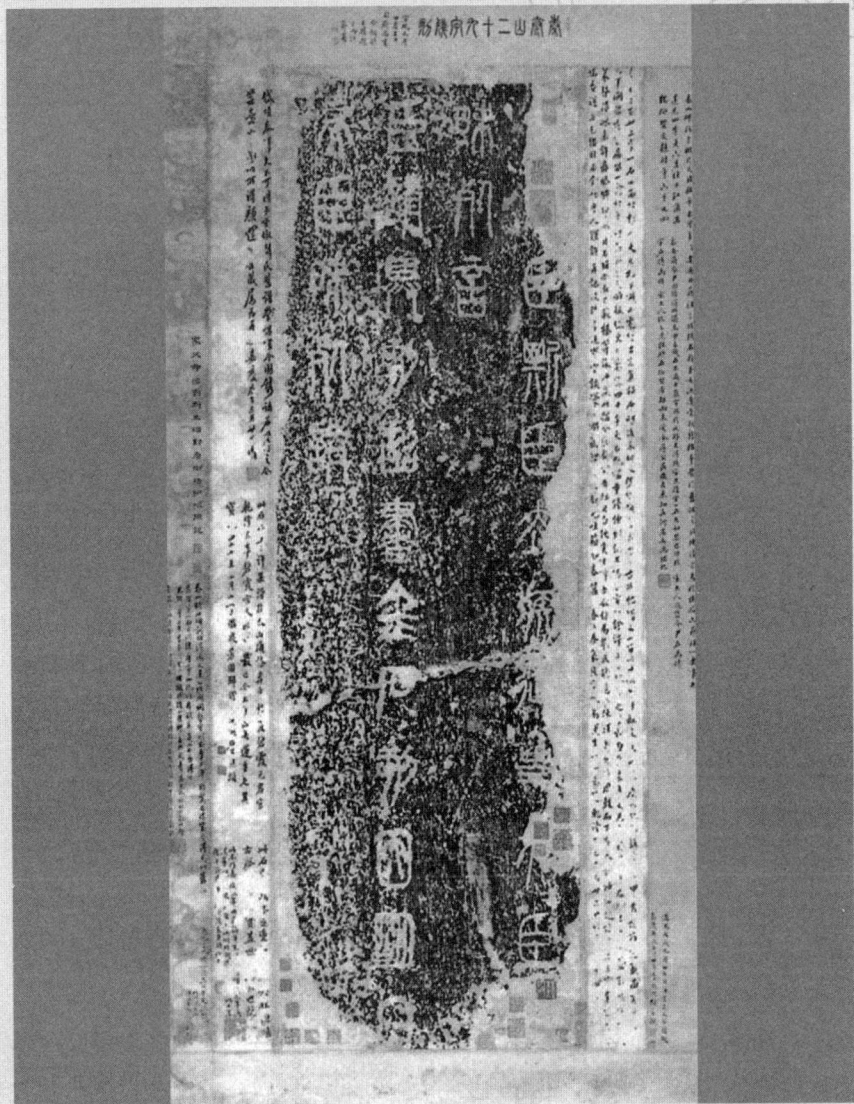

泰山刻石

不举行这种活动，大臣们都不知道仪式该怎样进行。于是秦始皇把儒生召来询问。儒生们众说纷纭，有的说古代天子封禅时要坐用蒲草裹车轮的"薄车"，这样可以不损伤山上的土木草石，有的说祭地时要扫地，还得铺上席子。

秦始皇听了觉得难以实施，便斥退儒生，按照自己的想法开辟车道，到泰山顶上立了碑，举行封礼。接着下来，到附近的梁父山行了禅礼。

高渐离击秦王

战国时期的燕国人高渐离，善于击筑（古代类似于琴的一种弦乐器）。他是著名刺客荆轲的朋友，一起效力于燕太子丹。荆轲刺秦王前，高渐离在易水击筑送别。后来荆轲行刺失败，秦王起兵灭燕，并于秦始皇二十六年（前221）统一中国。此后，秦始皇大肆搜捕反对派，高渐离隐姓埋名躲藏于宋子（今河北赵县东北），在一大户人家作奴仆。

高渐离不甘长久隐姓埋名，常应众人之请，一边击筑，一边慷慨悲歌，抒发亡国之苦以及壮志未酬之恨，每每使满座听众涕泪沾衣，唏嘘不已。秦始皇听到了这件事，派人将他召来，尽管秦始皇知道高渐离是他的仇敌，但因爱惜他的才能，便赦免了高渐离的死罪，只弄瞎了他的双眼，令他为自己击筑。

开始，秦始皇还有戒备之心，只远远地坐着叫

秦跽坐俑

秦铜钺

他演奏。久而久之，见高渐离并无异常举动，而且秦始皇也非常喜欢他的技艺，便渐渐叫他靠近自己。但高渐离并未消除仇恨，只是苦等机会复仇。这时他见时机已到，便用铅将筑填满，使筑沉重如铁，足以击人致命。然后等到秦始皇渐渐入迷时，便出其不意突然拿筑向秦始皇砸去，但由于自己眼睛看不见，筑砸偏没有触到秦始皇。秦始皇立即处死了高渐离，并从此不再让诸侯手下的人靠近自己。

博浪沙张良椎击始皇

秦始皇二十九年（前218），秦始皇作第三次东游，在阳武、博浪沙（河南中牟县北），遭张良及力士椎击，这就是历史上所谓张良博浪一击。

秦朝建立后，由于统治阶段的穷兵黩武，沉重的赋税劳役和残酷的经济剥削，社会矛盾十分尖锐。尤其是东部原六国地区，秦王朝的统治极不稳定，六国贵族利用人民群众的反秦情绪时刻想着报仇复国。

秦双翼神兽

　　张良（？～前189）字子房，城父（今安徽亳州东南）人，是韩国的贵族。父、祖五代人是韩国相国。前230年，秦灭韩国时，张良年少，变卖全部家产，弟死了也不埋葬，准备为韩国报仇。不久，招募到力士，做了一个120斤重的铁锤，准备用来击杀秦始皇。

　　秦始皇二十九年（前218）年东巡，行至博浪沙，张良命令力士持铁锤突然袭击，没有命中秦始皇，而锤中副车。始皇大怒，急令逮捕刺客，没有抓到。又下令在全国大搜索10天，终究没捕获。张良因此变换姓名，逃亡到下邳（今江苏宿迁西北）。秦始皇离开博浪沙后，登上之罘山（今山东烟台北芒罘岛上），刻石颂功，然后返回咸阳。

　　张良博浪沙一击，成为秦代政府走向灭亡的警报，也预示着轰轰烈烈的秦末大风暴的到来。

秦始皇求仙·徐福东渡日本

秦始皇统一六国之时，燕齐等国许多人出亡海外，他们走的是一、两个世纪以来的航路，沿山东半岛成山角跨越渤海（今黄海），来到朝鲜半岛的白翎岛，其间仅隔 90 海里，然后抵达日本北九州。"海北道中"必须通过对马岛，自前 356 年齐威王派人下海，探访前往日本的航路后，这里可能因此被喻作蓬莱、方丈、瀛洲三座神山。由于海流的阻挡，使渡过对马海峡在很长一段时间中，成为航海者的一大难题。

前 219 年，秦始皇东巡到了山东沿海的琅邪（今诸城东南），齐人徐福与一些人士上书秦始皇，宣称海中有三神山，请求秦始皇派童男童女和他一

徐福东渡时登程地点

日本阿须贺神社内的徐福宫

起去求仙人。秦始皇采用了他的建议，派数千童男童女乘船出航。经过几年，花去了许多费用，并没有得到神药。前210年，秦始皇再次巡幸琅邪时，徐福恐怕受到责备，便编造谎言，说是蓬莱岛由于海中有大鲛鱼，受到阻难，一定要派善于使用连弩的射手去才能排除困难。据徐福东渡后20年出生的将军伍被和淮南王刘安的对话中透露，这次秦始皇又派徐福率童男童女3000人，装载五谷种子、技艺百工下海。徐福航海到达日本本州和歌山。徐福及徐福船队在抵达北九州的大岛后，进入濑户内海，远达纪伊半岛。至今在和歌山新宫町东南有蓬莱山，还有徐福墓，墓前石碑上刻"秦徐福之墓"五个汉字。

徐福及其伙伴从大陆输送到日本的新颖的海船、秋米和农耕技术，以及青铜和铁器冶炼技术，使得早先已有零星传入的中国文化，在日本列岛上得以巩固和延续，促使日本在绳纹文化的末期，突然展开了一种与原先的文化面貌和发展水平截然不同的新的文化，这一文化便是以弥生式土器和中国铁器为特征，和原来列岛上固有的绳纹文化同时并存、共同开始它的进程的弥生文化。

喜入葬云梦睡虎地

秦始皇三十年（前217），秦狱吏喜入葬云梦睡虎地（今湖北省云梦县睡虎地）。随葬品有竹简、毛笔、漆器、竹木器、陶器、铜器等。1975年，喜墓被发掘，其中出土的竹简所记载的内容具有重要的史学价值，是研究战国晚期到秦始皇时期历史的重要资料，随葬的大量法律文书竹简是我国现存时代最早的成文法典，统称为"云梦秦简"。

喜墓出土的秦简牍共1155枚，简长23.1～27.8厘米，宽0.5～0.8厘米，简文墨书秦隶，多写于篾黄上，少数两面墨书，字迹大部分清晰可辨。竹简以细绳分上、中、下三道编连成册，从书体、内容和其中多处避始皇名讳可知，简书由多人书写，有的写于战国晚年，有的写于秦始皇时期。

秦简牍经整理编纂，分为9种，分别为：《编年记》、《语书》、《秦律十八种》、《效律》、《秦律杂抄》、《法律答问》、《封诊式》、《为吏之道》和《日书》。《编年史》（亦作《大事记》）成书不晚于前217年，为我国现存最早的年谱，以编年体记载了从秦昭王元年（前306）到秦始皇三十年（前

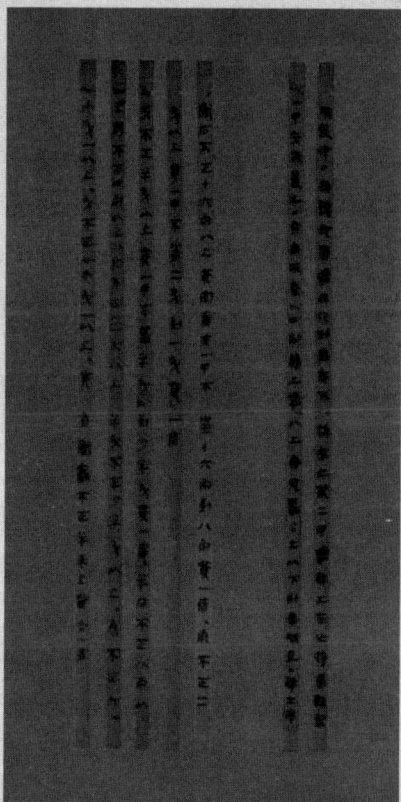

睡虎地秦代竹简

217）秦军政大事及墓主喜的经历,《语书》和《为吏之道》是训诫官吏的教令,《日书》为术数书,其他的均是记录秦代或战国晚期的法律文书,可通称为《秦法律文书》。其中《秦律十八种》内容广泛,包括农业生产,国家牛马饲养,粮食贮存、保管、发放,货币和财物,开市职务,官府手工业,官营手工业生产定额,徭役,军功爵,任用管吏,驿传,少数民族管理等;《效律》是对县和都官管理的物品实行检验的法律规定;《秦律杂抄》内容广泛,涉及官吏任免、限制游士、传籍、军纪、行戍等;《法律问答》是对法律条文及有关问题作的解释,《封诊式》是关于调查案件、验实案情、审讯定罪等文书程序和审理案件的具体守则。云梦秦简所记载的秦律内容远远超出李悝《法经》的范畴,已具备刑法、诉讼法、民法、军法、行政法、经济立法等方面的内容,其中刑法最为成熟。

云梦睡虎地喜墓出土的云梦秦简内容丰富,反映了中国从诸侯割据向中央专制集权转变时期政治、经济、文化、法律、军事等方面的内容,是研究这一时期的可信史料。而云梦秦简里所保存的秦律内容,对研究中国古代法律制度有着重要的价值。云梦秦简的发现,不仅是中国法制史上的一件大事,在世界文化史上也占有重要地位。

灵渠建成·沟通南北水系

秦始皇三十三年（前214）,军尉屠睢指挥50万大军,分五路南下,对居住在今两广地区的南越和西瓯进行大规模的战争。在征伐过程中,秦军遭到越族的强烈抵抗,并因运粮困难,不能获得胜利,相持达3年之久。

为了支援征服南越和西瓯的战争,解决进攻南越秦军的供应问题,秦始皇派监禄在今广西兴安县北开凿一条连接湘水和漓水的运河,以“通粮道”,这就是著名的灵渠。灵渠选择湘水和漓水最近的地方开凿,全长30公里,沟通了江南的长江水系和珠江水系。开渠的军民表现出高度的智慧,他们巧妙地使渠道迂回行进,降低渠道坡度,以平缓水势,便于行船。渠道和堤坝的

广西兴安秦灵渠遗址。灵渠为世界上最早的有闸运河。

工程均充分利用了我国古代水利工程技术的最新成果，并有多方面的创造。有分湘江入漓水的铧嘴；有防洪设备——大、小天平以渲泄水量。因两水落差较大，渠中设斗门若干道，南北往来船只，便可逐斗上进或下降。因灵渠构思巧妙，故名灵渠。

灵渠修成后，粮食、给养通过水道源源不断地运来，保障了秦军作战的需用，为秦军取得统一南越的胜利创造了重要条件。到秦始皇三十三年末，秦军终于将包括西瓯及雒越在内的"百越"之地全部占领，建置南海、桂林、象郡三郡。

灵渠的建成，使长江水系同珠江水系连结起来，对中原地区同南方、西南的经济文化交流起了重要作用。直到明、清时代，灵渠还被称为"三楚两奥之咽喉"。内地的粮食和其他物质通过长江往南经洞庭湖，通过灵渠进入西江再由珠江运抵广州。由灵渠连结起来的两大水系，南北延伸约 2000 公里，在世界航运工程史上占有光辉的地位。

秦代万里长城修建

秦始皇三十三年（前 214），大将蒙恬率 30 万大军大举征伐匈奴，收复河套南北的广大地区，并在这个地区设置 44 个县，重设九原郡。为了巩固这一地区，秦始皇又征发大量民工，将原秦、赵、燕旧时长城，随地形修筑连接，重新加固，修建成举世闻名的万里长城。

战国时期，北方邻近匈奴的秦、赵、燕三国分别修筑长城以防匈奴侵袭。

内蒙固阳秦长城

秦长城西起临洮（今甘肃岷县）、东北经固原至黄河。赵长城西起高阙（今内蒙古临河）、东至代（今河北蔚县）。燕长城西起造阳（今河北独石口）、东至辽东。3 条长城互不连结。秦始皇二十五年（前 222），秦灭赵后，匈奴乘机占领赵属河套地区的河南地。秦统一六国后，一方面派大军征伐匈奴，一方面征集民工修建长城以防御匈奴的侵入。

修建长城的条件是十分艰苦的。30 万以上的农民及囚犯，在北方风雪萧萧的边塞上，肩挑手抬，积土垒石十余年，在留下无数的白骨后，终于修成了西起临洮，东至辽东的秦代万里长城。

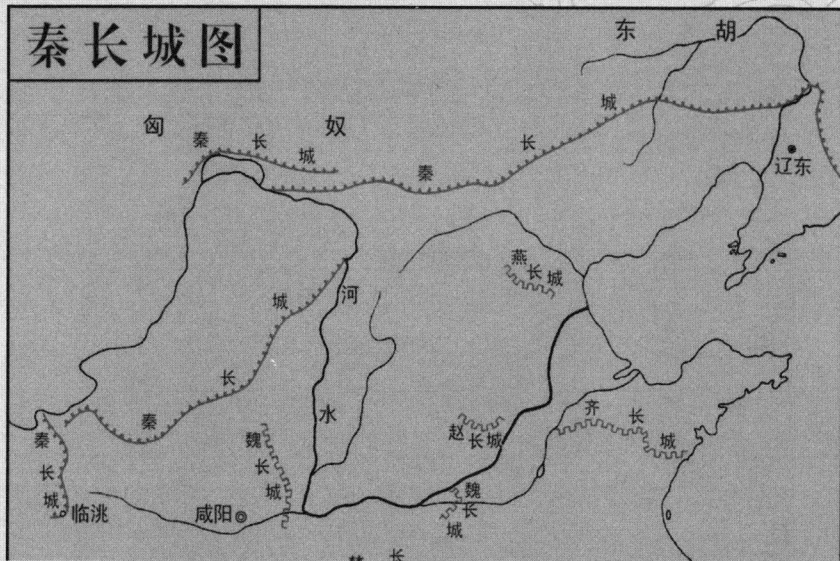

秦长城图

内蒙固阳秦长城

宁夏固原战国时期秦国长城遗址

　　万里长城修好后，蒙恬率军30万，屯驻上郡（今陕西榆林东南）十余年，声名赫赫，威振匈奴。"却匈奴七百余里，胡人不敢南下而牧马，士不敢弯弓而报怨。"

　　在秦代万里长城的基础上，经西汉、北魏、北齐、北周、隋唐、明朝历代增修，形成今天的西起嘉峪关，东至山海关，长11000余里的万里长城。

陕西神木秦长城遗址

　　万里长城，对于抵御匈奴的骚扰，保障内地人民生产和生活的安定，起了重要作用。从甘肃省泯县和山西大同县保留下来的长城遗址来看，长城的工程十分浩大。它是中国历史上最伟大的建筑之一和世界历史上七大奇迹之一。它充分体现了我国劳动人民的高度智慧和无限的创造力，成为中华民族文明悠久的象征。

蒙恬北伐匈奴

　　秦尚未统一六国前，逐渐强大起来的匈奴经常掠夺内地的人民、牲畜、财产，使相邻的燕、赵、秦深受其害。尤其是秦灭六国的最后阶段，中原战事方酣，匈奴趁各诸侯国无暇外及，占领了河套地区的所谓"河南地"。秦王朝建立后，匈奴的威胁成为最突出的问题。

　　秦始皇三十二年（前215），奉命入海求仙的卢生回到咸阳，向始皇报告鬼神事，奏上的《录图书》有"亡秦者胡也"的语句。此胡本指"胡亥"之胡，但始皇却认为"胡"谓匈奴，为此，遂派大将蒙恬率军30万大举北伐匈奴。

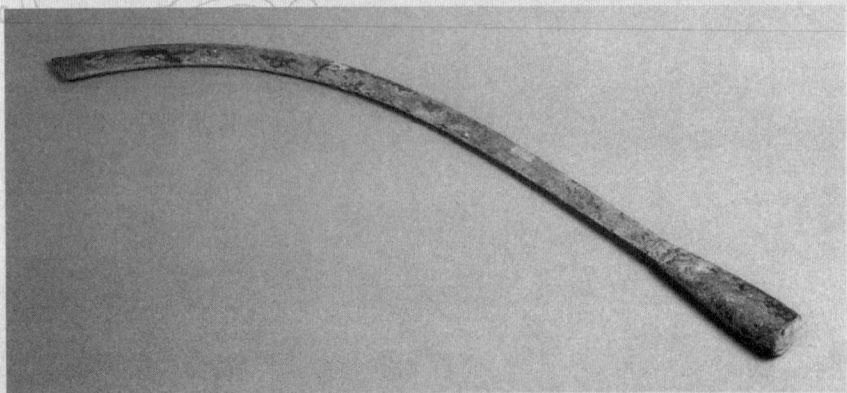

秦代铜弯刀

尽取河南（今黄河河套西北）地。

　　蒙恬（？～前210），其祖先为齐国人。祖父蒙骜，从齐入秦侍奉秦昭王，官职为上卿。父亲蒙武，弟蒙毅，都是名将。秦始皇二十六年（前221），蒙恬因家世殊勋被拜为秦将，受命攻陷齐国，拜为内史。第二年，蒙恬又率军越过黄河，夺取了为匈奴控制的高阙（今内蒙古杭锦后旗东北）、阳山（今内蒙古狼山）、北假（今内蒙古河套以北、阴山以南、大青山以西地区）等地。

　　匈奴首领头曼单于在秦军的打击下，放弃河南地及头曼城向北退却。秦王朝收复河套以北、阴山一带地区后，增设44县，重新设置九原郡，在黄河岸上构筑城堡戍守。秦始皇三十六年（前211）秦迁内地人3万户到北河、榆中（内蒙古自治区伊金霍洛旗以北）屯垦，进一步巩固了对这一地区的统治。当时人们把这一新开垦的地区叫做"新秦"。

　　蒙恬北伐匈奴，不仅有力地制止了匈奴奴隶主贵族对中原的抢掠，而且大大促进了这一地区的开发。在长期的劳动和交往中，不少匈奴人南迁中原，逐渐同秦人及其他各族人民共同居住和生产，促进了民族的大融合。

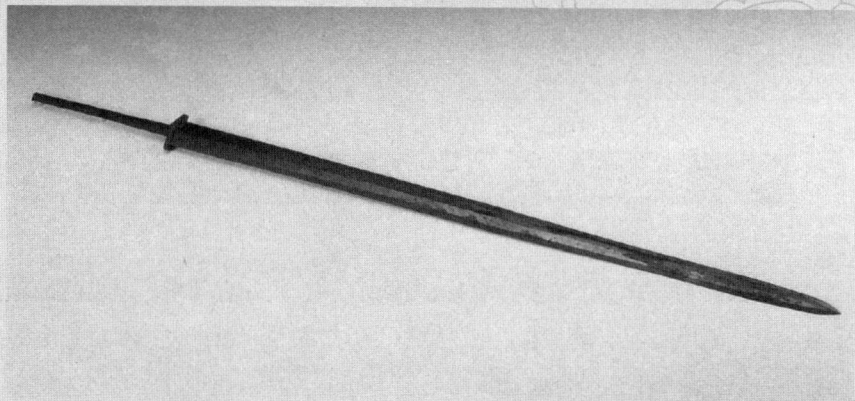

秦代铜剑

秦将军俑

秦将军俑

秦汉军服定型

　　秦汉时兵种有车兵、步兵、骑兵、弩兵4种，职务有将军、中级武官和下级武士，军服有冠、帽、帻、袍、铠甲等。军服制式根据兵种和职务的不同有所差异，基本上依类定型。

　　冠、帽、帻类。秦汉时将军戴长冠，双卷尾饰。冠有组缨，系扎于颏下，垂于胸前。一般武官戴长冠，单卷尾。御手在白色圆形软帽上戴长冠，单卷尾。车士有的戴白色软帽，有的则戴单卷尾。一般士兵不戴冠，以布束发，称作帻。铠甲武士、战袍武士、弩手、骑兵都着帻，但形状装饰略有不同。

　　袍类。从将军到士兵，都穿紧身窄袍，将军着两层，其余一层。袍是葛麻制成。战袍武士的是红色，御手的是褐色。铠甲武士一类为绿色短褐，衣领袖口以赭色边装饰，下着深红色袴；一类为红色短

秦跪射武士俑

裋，衣领袖口以浅蓝色边装饰，下着蓝或绿袴与秦代"上黑"明显不同。

铠甲类。秦时骑兵铠甲较短，无披膊；一般步卒和战车兵的铠甲，甲身较长，两肩有披膊；御手所著的铠甲甲身最长，领部加高呈"盆领"，两肩有长披膊，并有护手甲。秦铠甲沿用战国已出现的铁甲，也夹杂有皮甲，从它的形制和编缀方法看，已具备了中国古代铠甲的特点。到西汉，皮甲仍然存在，但铁甲占据主要地位，称作"玄甲"。以"玄甲"殉葬是西汉非常隆重的葬礼。玄甲甲片式样有三类：呈长条形的大型甲片、圆角长方形的中型甲片、舌状或柳叶状的小型甲片。编组甲片通常用麻绳、皮条，编缀方法大致是先横编后纵连，也根据部位不同有所变化。铠甲的形制由较简朴的大型扎甲向精锻细密的鱼鳞甲发展，类型也日益繁多，保卫的身躯部位日益加大。到东汉时，除身甲部分外，保护脖颈的"盆领"，保护两肩和上臂的"披膊"和保护两腿的"鹘尾"、"腿裙"都已完善，形制更为发展，加之"百炼钢"技术被用于制造铠甲，铠甲质量进一步得到提高。

秦始皇焚书坑儒

秦始皇三十四年（前213），秦始皇采纳李斯建议，下令禁止私学，并焚毁《秦记》以外史书和诸子百家著作及《诗》、《书》；秦始皇三十五年（前212），秦始皇以方士卢生、侯生诽谤皇帝、妖言惑众为理由，牵连坑杀儒生460多人。这两件事是中国文明史上的一大浩劫，史称"焚书坑儒"。

秦始皇三十四年（前213），始皇在咸阳大宴群臣，博士淳于越指责郡县制，提出分封制的主张。他企图说服秦始皇遵复古法，恢复西周以来的分封制，以使天下太平，并说："做事不遵从古法而又可以长久太平的，简直是闻所未闻！"秦始皇将此事交给群臣讨论。丞相李斯以"五帝不相复，三代不相袭，各以治"的例证反驳淳于越，并指责儒生"入则心非，出则巷议"，"不师今而学古，以非当世，惑乱黔首"，说他们颂古非今，各尊私学，诽谤朝政，扰乱民心。李斯认为古代天下动乱，无法一统，招致诸侯并起，四海分裂，

陕西秦焚书灰坑遗址及"坑儒谷"遗址

根源在于各种儒门学说和私学的存在，使人心不一。他建议秦始皇消灭私学，除《秦记》之外的史书一律烧毁；除秦博士官所藏《诗》、《书》、百家语等书外，都要将书交到所在郡，由郡守、尉监督烧毁；敢谈论《诗》、《书》的斩首弃市，以古非今的灭族；官吏看到、知道而不举报的，问罪；令下后30日内不烧毁该烧的书，处黥刑充为"城旦"，到边疆修筑长城4年；医药、卜筮、种树的书不在烧毁之列；若要学习法令的，以吏为师。秦始皇采纳了李斯建议，下令焚书。一时，大量文化典籍被付之一炬。次年，方士侯生、卢生因求仙药不得，两人议论讥讽秦始皇"刚愎自用"，"专任狱吏"，又指责他"乐以刑杀为威"、"意得欲从"、"贪于权势"，不值得为他求仙药，并相约逃跑。秦始皇得知后，非常愤怒，认为卢生等诽谤他，夸大他的过失，而且其他儒生也有妖言惑众之嫌。责令御史审问在咸阳的儒生。儒生们互相揭发，牵连出460多人。为昭示天下，以儆效尤，460多人全部被坑杀于咸阳。

始皇长子扶苏对此做法有异议，也被令离开都城，去上郡（今陕西榆林东南）监蒙恬军。

秦始皇焚书坑儒，是秦代"师今"和"师古"两种政治思想斗争激化的表现。它的目的固然是为了加强政治思想统治，打击分裂势力，维护和巩固国家的统一。然而，采用这种残暴手段，不但造成了古代文化典籍的巨大损失，严重摧残了古代文明，而且也开了中国古代封建君主专制制度下专制主义最恶劣的先河。

秦始皇修建阿房宫骊山陵墓

秦始皇三十五年（前212），始皇以咸阳人多，先王留下的宫殿小为由，命令在渭河以南的上林苑（今陕西西安西北三桥镇南）营建朝宫（皇宫正殿）。

秦阿房宫下水道

西安秦阿房宫遗址

首先建造的是前殿阿房宫。

阿房宫殿堂，东西宽 500 步（秦制 6 尺为一步），南北长 50 丈，殿内可以容纳一万人。殿前建立 5 丈高的旗杆，宫前立有 12 尊铜人，各重 24 万斤。以磁石为门，有怀刃隐甲的人入宫，即被吸止。周围建阁道连通各宫室，其阁道又依地势上达南山（今陕西西安南）。在南山顶，建一宫阙，作为阿房宫的大门，又造复道，从阿房宫通达渭水北岸，连接咸阳，以此象征天极紫宫后十七星横越云汉，达于宫室（二十八宿之一）的天庭。

为修建这一庞大的宫殿，秦始皇下令征调隐宫（施宫刑之所。宫刑畏风，须入隐室，故名）罪人与刑徒七十余万分工劳作（其中一部分被派往修骊山陵墓），北山（今陕西礼泉、泾阳、三原与淳化境内）石料，蜀楚木材，源源不断地运到关中作建筑用。

阿房宫建制占地的范围，从咸阳以东到临潼，以西至于雍（今陕西凤翔南），以南抵于终南山，以北达于咸阳北坂，纵横300余里。此外，从咸阳到函谷关（今河南灵宝东南）以西，有朝宫300余所，函谷关以东400余所。众多的宫殿一律施以雕刻，涂以丹青，五光十色，五彩斑斓，极其富丽堂皇，气势也很雄伟。

阿房宫耗资极大，劳民伤财。到秦始皇死时，宫殿仍尚未落成，秦二世继续营建。不久后秦朝灭亡，到楚汉战争，项羽入关，烧秦宫室，火一连三月不熄灭，阿房宫随之化为灰烬。阿房宫这组秦朝最大的宫殿建筑群，从陆地上消失，留给后人的仅是遗址。

骊山始皇陵园自秦始皇三十五年（前212）也开始投入70万人加紧营建，陵东三大从葬坑中布列由步、车、骑诸兵种组成的宏大雄伟的兵马佣军阵。

秦始皇病死沙丘

秦始皇三十六年（前211），在东郡一带（今河南濮阳西南），有陨石从天而降。当地有人在陨石上刻出"始皇帝死而地分"的字迹。秦始皇知道后大怒，

秦绘画车马图。陕西咸阳秦三号宫殿遗址总计发现七套车马图象，每套四马一车。画中奔马前后腿张开并驰，造型生动。壁画内容为秦王出行时的车马仪仗之盛况。这是中国目前发现的最早的壁画。

立即派人追查，最终无人承认。于是，秦始皇下令将陨石周围的居民全部捕杀，并烧毁了陨石。这之后，秦始皇仍然闷闷不乐，他令手下的官员作《仙真人诗》，为他歌功颂德、祈祝天年，并传令乐工谱曲歌唱，散发到巡视过的郡县，以镇不祥。这年秋天，始皇使者夜经华阴平舒（今陕西华阴西北）道，有人持璧拦路，对使者说："明年祖龙死。"说完，扔下璧而去。使者捧回玉璧向始皇详细报告。"祖"是开始的意思，"龙"为君主的象征，始皇一听，大为惶恐，赶紧占卜问卦，卦得"游徙吉"。于是迁移3万户人家到北河榆中（今陕西榆林），以应卜辞；又拜爵一级，来增添祥和的气氛。

秦始皇三十七年（前210）冬，始皇在东巡归途中，来到平原津（今山东德州南）时患病，7月病重，迁移到沙丘（今河北平乡东北）宫颐养。他的病情越来越严重，却又讳言"死"字，随行群臣谁都不敢提到死的事。始皇在病中勉强支撑写下玺书，赐公子扶苏，要他立刻赶回咸阳主持治丧葬礼。玺书写好后封存在中车府令赵高行符玺事署所，还没有来得及交给使者传送，始皇就死在沙丘平台。丞相李斯害怕国家发生变乱，于是严密封锁消息。始皇灵柩停在有窗的车内，日常膳食和百官奏事都和往日一样，除李斯外，只有胡亥、赵高和近幸宦官五六人知道始皇的死讯。赵高从小就被阉割作了宦官，深得始皇宠信，因为他精通狱法，被任命为中车府令。始皇在世时曾让他教胡亥断案，因此他与胡亥交情很深。他曾经犯法，蒙恬之弟蒙毅依法判他死罪，后来被始皇赦免，从此，赵高就与蒙氏兄弟结仇。始皇死后，赵高乘机与胡亥、李斯密谋，擅自开启密封的玺书，篡改始皇遗令，另立胡亥为太子，而赐扶苏和蒙恬死，史称"沙丘之变"。扶苏见到假诏后自杀，蒙恬疑心有诈，不肯自杀，被捕下狱后被迫服毒而死。这之后，赵高等人才下令发运灵车，当时正值盛夏，灵车中散出了阵阵尸臭，胡亥下令另载一石鲍鱼以掩盖气味，这样回到咸阳发丧。

太子胡亥在咸阳袭位，这就是秦二世皇帝。

秦式篆刻定形

篆刻，即刻印的通称。印章字体多用篆书，先写后刻，故称篆刻。篆刻为我国特有的传统艺术，春秋、战国时期已经流行。秦代篆刻印章多由印工

（秦）泠贤

（秦）上官郢

（秦）江去疾

（秦）貔突

（秦）杨鸣

（秦）泠贤

完成，已有较高艺术成就。秦代印章主要有官印、私印两种。秦代皇帝印称"玺"，官吏或私人印称"印"，或称"章"。官印一般约二、三厘米见方，有的略长一些。私印多作长方形，方形的比较少，间有圆形、椭圆形的，还有两面印。印材主要有铜、玉。多凿款白文，铸印较少。其字数无定则，章法多变，整齐而不呆板，风格质朴苍秀。方印多加田字格，半通印（长方印）多加日字格。所以，秦印与汉印并为后世篆刻家所取法。

秦始皇下葬骊山

秦王嬴政统一六国，成为中国第一个中央集权封建大帝国的皇帝，在位36年（前246～前210），死后葬于骊山北麓。

始皇陵位于陕西临潼县东5公里的晏寨乡，南靠骊山，北临渭水，陵体平面呈长方形，底边东西345米，南北350米，高为43米，陵体四周有重墙相绕。分为内城和外城，内城周长2.5公里，外城周长约6公里，陵体位于内城正中偏南，除北面外，其余三面正对陵体中央设门。除整个陵体外，在陵北发现有大型寝殿和便殿的建筑群，陵西有烧窑、制石和堆放砖瓦材料及刑徒墓地，陵南为骊山，陵东为大型兵马俑坑。

始皇陵体基本沿用商以来的四出羡道木椁大墓形式，地面上的陵体高大方整，陵上种植草木，崇高若岭，予人一种庄重威严的感觉。自秦始皇陵起，奠定了中国封建帝王陵墓的以高为贵，以方为尊的总体格局。

自1974年起，在陵东开始挖掘出的闻名全世界的秦始皇兵马俑，数量大，类型多，形同真人大小且形态逼真，既反映了秦朝工匠的聪明才智及高超的艺术造诣，也揭示了始皇陵的规模宏大，劳民伤财（前后建37年，役使72万人力）与奢侈糜烂。兵马俑的出土也再现了当时秦军一统天下的强大军事实力。

骊山园 缶秦量器

陕西临潼秦始皇陵，公元前210年建成

震惊世界的第八奇迹：秦皇陵兵马俑

前221年，秦始皇建立秦朝。为了向后人炫耀他的歼灭六国，天下归一的盖世功勋，他在动工修建规模浩大的皇陵工程时，还修建了举世闻名的皇陵兵马俑坑。

兵马俑坑发现于1974年，有1、2、3、4号坑，均为规模巨大的土木结构建筑。其中4号坑内是有坑无俑，可能是个未建成即被废弃的兵马俑坑。最大的是1号坑，平面长方形，面宽9间，四周绕以回廊，前有5个门道，总面积约12600平方米，6000个兵马俑以及战车、步卒相间排列，呈长方形军阵；2号坑总面积约6000平方米，内容为战车和骑、步兵混合编组的大型军阵；3号坑面积最小，总面积约520平方米，有驷马漆绘的木质战车，和执殳的仪仗，象征军阵的指挥部。总之，从1、2、3号坑发掘的情况看，有武士俑7000个，驷马战车100余辆，战马100余匹。

兵马俑塑造了各种各样的秦军形象，有指挥官的将军，也有一般武士的步兵、骑兵、车兵、弓弩手等。形体高大魁梧，一般均在1.75米左右，指挥官身高在1.95米以上。很多将士手中握着真正的青铜兵器。造形生动、形象、逼真。其面相多数表情刚毅，昂扬奋发。五官位置准确，富于质感。陶俑细部的雕塑颇费匠心。以俑的发髻为例，发髻雕塑质感甚强，不仅蓬松，且走向清楚，形象逼真。陶俑身上的甲衣，也雕塑颇细，每片甲片上的甲钉和甲片之间连接的甲带等，类型分明。这些细节的精确表现，有利于烘托秦军装备精良、纪律严明、斗志高昂的精神状态。

据研究，兵马俑的制作，是先用泥做好内胎，再上一层细泥，然后在细泥上雕塑出俑的五官、衣纹等细微部分。俑的头、手、躯干都是分别制作然后组合，细部加工完以后，送入窑烧制，最后进行彩绘。彩绘的颜色有朱红、粉红、绿、粉绿、紫、蓝、中黄、桔黄、灰、褐、黑、白等。眉目、须发呈黑色，面目、手足涂朱红色。

陶马和真马一般大，用于骑兵的战马高约 1.72 米，体长 2.03 米，剪鬃，备鞍，一看便知处于临战状态。驷马体型略小，筋骨起伏变化似真马一般。马头抬起，耳前倾、双目大睁、鼻孔翕张，体现出战马静中有动的状态。陶马的制作和陶俑一样精工。

战车多为木质结构，因年长而朽毁，但从残存的遗迹中也可以看出其大概来。

秦皇陵兵马俑群，是昔日秦王朝强大国力和军威的象征。它集中体现了我国古代劳动人民高超的烧陶技巧和智慧。为后人研究秦史提供了丰富的原始资料。

陈胜吴广大泽乡起义

二世元年（前209）七月，陈胜、吴广于大泽乡起义，反对秦朝统治。

陈胜（?~前208）字涉，阳城（今河南登封东南）人，家为雇农。吴广（?~前208）字叔，阳夏（今河南太康）人，贫苦农民出身。陈胜年青时，常受雇为人耕作，一次在田间劳作，他放下耒锸休息，心情怅憾，叹道："苟富贵，无相忘"（他日如得富贵，不会忘记今日在一起受苦的同伴）。同伴闻之不以为然，陈胜叹道："嗟乎，燕雀安知鸿鹄之志哉！"秦二世元年（前209）七月，征发闾左（秦时贫弱农户居闾里之左，富者居右）900人戍守渔阳（今北京密云），陈胜、吴广皆被征调，并为屯长，行至大泽乡（今安徽宿县东南刘村集），天降大雨，道路不通，预计无法按期到达，依照严酷的秦法，失期当斩。陈胜与吴广谋议："现在逃是死，若举大事也是死，都是死，为国事死不是更好吗？"陈胜又说："天下苦秦久矣！现在若以我们900人，借用公子扶苏、项燕的名义，为天下首倡起事，必有无数人响应。"吴广以为然。

陈胜、吴广两人又巧设"鱼腹丹书"、"篝火狐鸣"制造起义舆论，声言"大楚兴，陈胜王"，并伺机杀死两名押送将尉，陈胜随即号令戍卒："各位都失期当斩，设若不斩，戍守死边的必有六七成；再说壮士不死则已，死就要成大名，王侯将相难道是天生的贵种吗？"900人异口同声，一举赞成举大事，于是筑坛为盟，称大楚，陈胜自立为将军，吴广为都尉，首先攻下大泽乡，进而攻占蕲县及附近各县，中国历史上第一次大规模的农民起义就这样爆发了。

攻占陈县（今河南淮阳）时，起义军拥有战车六七百辆、骑兵千余人，步兵数万人，魏国名士张耳、陈余逃匿在外，献计陈胜"遣人立亡国后，自为树党，为秦益敌"。陈胜不听，乃自立为王，国号"张楚"，诸郡县之民苦秦苛法，"斩木为兵，揭竿为旗"，争杀长吏以应陈胜，农民起义达到高峰。

刘邦起兵于沛

秦二世年元年（前209）九月，刘邦在泗水沛郡（今江苏沛县）起兵，自称沛公。

刘邦（前256~195，一作前247~前195），字季，沛人，为人豪爽慷慨，不喜欢从事农家生产，经常应征至咸阳服徭役。一次在咸阳服役时，正好遇到秦始皇出行，为皇帝的威严所震动，不禁发出感叹："大丈夫就当如此！"后来，他出任泗水亭长，一次为县廷押送役徒去骊山（今陕西临潼东南），途中很多役徒逃亡，刘邦无法阻拦，考虑到等到了骊山，役徒也就已经逃尽，自己不免获罪。于是，来到丰（今江苏丰县）西泽中亭时，刘邦趁黑夜把役

秦末陈胜、吴广大泽乡起义旧址

秦末农民战争图

图例

- 🚩 陈胜·吴广起义地点
- → 陈、吴主力军进军方向
- 🚩 陈、吴建立政权的地方
- ➤ 陈、吴军向四方发展路线
- ▶ 响应起义的地方
- ⟫⟫ 项梁进军路线
- ⟫⟫ 刘邦入关路线
- ⟫⟫ 项羽入关路线
- × 主要战场

陈胜·吴广
公元前209年

项梁、项羽

黥布

徒全部释放；其中有 19 名壮士愿意跟随刘邦，一起藏匿于芒、砀（今安徽砀山东，芒山在其北）山泽之间。

秦二世六年，刘邦在沛吏萧何、曹参等支持下，杀死沛县县令，起兵响应陈胜吴广起义。收编步兵 2000 余人，自称为沛公，开始反秦。

陈胜、吴广被杀

陈胜、吴广领导的农民起义军在反秦的斗争中，内部的矛盾和弱点不断暴露出来。陈胜骄傲自大，听信谗言，诛杀故人，日益疏远起义群众，而有些将领争权夺利，导致自相残杀。

秦二世二年（前 208）十一月，起义军将领周文率军数十万人进抵戏（今陕西临潼东北），遭到秦二世大赦的骊山刑徒和奴隶的迎击，撤退到渑池（今河南渑池西）时，被秦将章邯打败，周文自杀。

同月，吴广率领军队攻打荥阳（今河南荥阳西），始终未能攻克。义军将领田臧与吴广意见不和，认为吴广攻不下荥阳，而且为人骄恣，又不谙军事，如不及时除掉，秦兵反扑，必然失败。于是田臧等人假托陈胜军令杀死吴广，并将首级献给陈胜，陈胜授田臧楚令尹印，晋升为上将军。

章邯解除荥阳的包围后，秦增派长史司马欣、都尉董翳协助抗击起义军，章邯进击陈（今河南淮阳）西路义军张贺军时，陈胜亲自督军应战，不幸失利，张贺战亡。十二月，陈胜前往汝阴（今安徽阜阳）督察军事后返回陈县，走到下城父（今安徽涡阳东南），被叛徒庄贾杀害，陈县失守。陈胜部将吕臣听说陈胜遇害，随即率领苍头军与秦军抗击，收复陈县，杀死庄贾，把陈胜埋葬在砀（今河南夏邑东南），谥为隐王。

陈胜、吴广虽然在起义不久即相继牺牲，使农民起义军遭受暂时的挫折，但各地起义军仍继续坚持斗争。他们发动的秦末农民大起义，在中国历史上开创了武装反对黑暗统治的传统，影响至为深远。

秦错金银灯座

李斯被腰斩

秦二世二年（前208）八月，丞相李斯遭赵高诬陷谋反，被腰斩，并诛灭三族。

自从陈胜、吴广起事后，各地义军此伏彼起。秦二世多次责问李斯，李斯只得曲意逢迎，上书二世行"督责之术"，用"轻罪重罚"和君主独断专行的方法来镇压百姓和臣下。在此政策下，横征暴敛的成了高明的官吏，杀人多的成了忠臣，路上都是被判了刑的人，死人堆叠在市井中。这时，秦二世听从郎中令赵高的建议，深居宫中，一切政事都由赵高决断。赵高与李斯有夙怨，赵高就趁机诬陷李斯想割地称王，又诬陷李斯之子三川郡守李由与义军私通。李斯听说后，上书说赵高"有邪佚之志，危反之行"，又与右丞相冯去疾、将军冯劫进谏秦二世，请求减轻赋役，停修阿房宫。秦二世非常生气，斥责李斯："盗贼接二连三起兵，你都不能制止，如今又要结束先帝做开的事，你是一不能报效先帝，二不能为我尽忠尽力，凭什么做你的官！"把李斯等三人下狱问罪。冯去疾、冯劫自杀，李斯想上书申辩，却被赵高扣下。赵高派人四处收捕李斯的宗族，又对李斯严刑拷打。李斯不堪酷刑，被迫认罪，于是被腰斩于咸阳，并夷灭三族。

李斯死后，秦二世任命赵高为丞相，事无大小，都由赵高决断。

项梁立楚怀王孙为王

秦二世二年（前208）六月，项梁立楚怀王之孙心为王。

陈胜部将召平得知陈胜兵败，就渡江至吴中，假托陈王之命，任命项梁为楚上柱国，命令他急速率兵西进击秦。项梁于是率江东8000子弟兵渡江西进，陈婴、英布、蒲将军等相继率部归附，项梁兵力达到六、七万人，进驻下邳。项梁认为，陈胜起义失败，不知到了哪里，而秦嘉背叛陈王立景驹是大逆不道，于是出兵击杀秦嘉，景驹逃走。

六月，项梁确知陈胜已死，便在薛召集起义将领议事，刘邦也应召前往。居鄹人范增这时年已 70，善于出谋划策，他认为陈胜失败是因为他不立楚国的后代而立自己为王，引用楚南公的"楚虽三户，亡秦必楚"的说法，劝项梁立楚怀王的后代。项梁接受了他的建议，从民间找来楚怀王的孙子心立为王，仍称作楚怀王，以顺应民众的期望，定都于盱眙，拜陈婴为上柱国，项梁自封为武信君，并采纳张良的建议，立韩公子成为韩王，任命张良为司徒，和韩王一起率领 1000 多人占据西边的韩地。

赵高专权·指鹿为马

秦二世二年（前 208）八月，由于秦二世的残暴统治，天下义军争相起兵灭秦，反而丞相李斯等人被二世疏远，宦官赵高越发专宠。赵高（?~前207），为人强悍，精通狱法，行事狡黠机敏，被秦始皇任命为中车府令。沙丘之变中，又为二世皇胡亥立下大功，被升为郎中令，拥有重权。他利用职权大量诛除异己，因为担心其他大臣上奏揭发自己，就劝二世深居禁宫，不必亲自坐朝听政，臣下有事来奏，只需由赵高自己和其他二世亲近之人密商后上奏。秦二世对此一一采纳，从此常居深宫，于是赵高独侍君侧，大权在握。

赵高自知权力大，想要检验朝官是否俯首听命，便在朝会时献上一只鹿，并指着它说是马。二世笑着说："丞相搞错了，把鹿当成马！"又问左右群臣是鹿是马，有人沉默不语，有人害怕赵高而回答是马，也有人则据实而言。事后赵高阴谋杀害了那些回答是鹿的人。从此，人人自危，没有人再敢说赵高有错。

这时，刘邦军队已攻克武关，关东大部分地区落入义军之手。赵高害怕二世责难，谎称有病不能上朝，暗中却密谋杀掉二世胡亥。赵高让其弟郎中令赵成作内应，诈称搜查贼人，派人率兵进入二世所住的望夷宫，秦二世问可否见赵高，答"不可"，问"愿为一郡王可否"，答"不可"；再问"愿为万户侯可否"，仍曰"不可"，最后问"愿与妻子为黔首可否"，还是不被应允，二世走投无路，只好自杀。赵高立二世兄子子婴，贬号为秦王。

巨鹿大战·项羽威震诸侯

秦二世三年（前207）十二月，项羽率军渡河，破釜沉舟，在巨鹿大败秦军，各路诸侯军都归顺项羽。

楚怀王派宋义为上将军，项羽为次将，范增为末将，率主力军去救赵。二世三年（前207）十月，宋义率军到达安阳（今河南安阳西南），停留46天不进。项羽建议迅速引兵渡河，赵、楚二军里应外合，出其不意，击败秦军，以解巨鹿之围。宋义贪生怕死，不同意项羽的战术，认为不妨先让秦、赵相斗，秦兵即使战胜也已疲劳，楚军趁势出击即可制胜，而秦兵若战败就更好，楚军不必北上，转而西进，乘关中之虚一举灭暴秦。因此他下令全军不准出击，违者一律斩首。当时正值天寒大雨，士卒饥寒交迫，而宋义却在军中饮酒作乐。项羽大怒，杀掉宋义，向全军宣布："宋义与齐国共谋反楚，楚王秘密命令：我消灭他！"诸将被慑服，一致拥护项羽，共立项羽为假（代理）上将军。楚怀王知道后就即封项羽为上将军，挥师北进。

同年十二月，项羽先命英布、蒲将军领兵二万人横渡漳水河，截断秦军粮

项羽像

道，然后亲率全军渡河。渡河完毕，命令士兵沉船只、破釜甑，烧庐舍，只携带三日口粮，宣示全军死战，不求生还的决心。

当秦军围巨鹿时，赵将陈余率数万人驻守巨鹿城北，因为兵少而畏缩不敢迎击秦军。救赵的齐燕等诸侯兵共数万人，分十多个营垒屯驻在陈余军旁，无人敢派兵出战。及项羽率军进抵巨鹿，迅速出击秦军，楚军勇猛无比，莫不以一当十。战斗中诸侯将领都在自己营壁上观望，只见楚军杀敌勇猛异常，喊声震天，战斗激烈，诸侯军无不心惊肉跳。经过殊死血战，项羽率军终破20万秦军。结果大败秦军，生擒秦将王离，斩杀苏角。章邯带残兵败逃，退回棘厚（今巨鹿城南）。

战斗结束后，项羽召见诸侯将领，众将进入辕门时，个个跪行，不敢仰视。项羽从此威震诸侯，成为诸侯上将军，统领诸侯之兵。

巨鹿之战结束后，二世派人斥责章邯，章邯权衡利害，终于投降了项羽。

张良依附刘邦

张良，其祖先是韩国人，其大父、父五代为韩国相国。韩国灭亡后，张良为韩报仇，曾招力士谋刺秦始皇，未能成功，逃往下邳（今江苏宿迁西北），改名换姓，行侠仗义，度过十余年。得习《太公兵法》。秦二世元年（前209）秋，陈胜、吴广揭竿起义，反对秦王朝。张良获知，也在下邳聚结百余人响应义军。次年正月，秦嘉得知陈胜军败，立景驹为楚王，驻在留县（今江苏沛县东南）。张良率众往留县，打

秦木篦彩绘角抵图

算归附景驹。路上遇到准备去投靠景驹的沛公刘邦。沛公带领数千士兵，攻占了下邳以西地区。张良便率领所部少年投附，沛公拜张良为厩将(掌马之官)。张良用《太公兵法》为刘邦出谋划策，刘邦常常采用其策。张良便留在刘邦军中，帮助刘邦以成大业。

刘邦入关灭秦

秦二世二年(前208)闰九月，沛公刘邦奉楚怀王之命，率兵西入函谷关(今河南录宝东南)，伐灭秦朝。

早在同年七月，农民起义军进攻定陶(今山东定陶西北)失利，西进函谷关又受阻，楚怀王与诸将约定："先入定关中者王之。"由于刘邦待人宽厚，有长者之风，定能得关内百姓拥护，所以楚怀王命他收编陈王胜和项梁的散卒，率部西进入关。

十月，刘邦率军攻下成武，十二月领兵抵达栗(今河南夏邑)。第二年春二月，北击昌邑(今山东金乡西北)不克，但收编了来归顺的彭越及千余部众。刘邦转而率军过高阳(今河南杞县西)时，里监门郦食其求见。刘邦素来不喜欢儒术，如有儒生求见，就会抢去他们的帽子撒尿，郦食其求见时，刘邦正坐在床上让两个女子洗脚，郦食其长揖拜后，斥责刘邦对长者无礼，刘邦于是中止洗脚，请郦食其上座，虚心求教。他听从郦食其的计谋，避开秦兵的锋芒，首先攻取了交通要道陈留(今河南开封县东

乐府钟。秦乐器

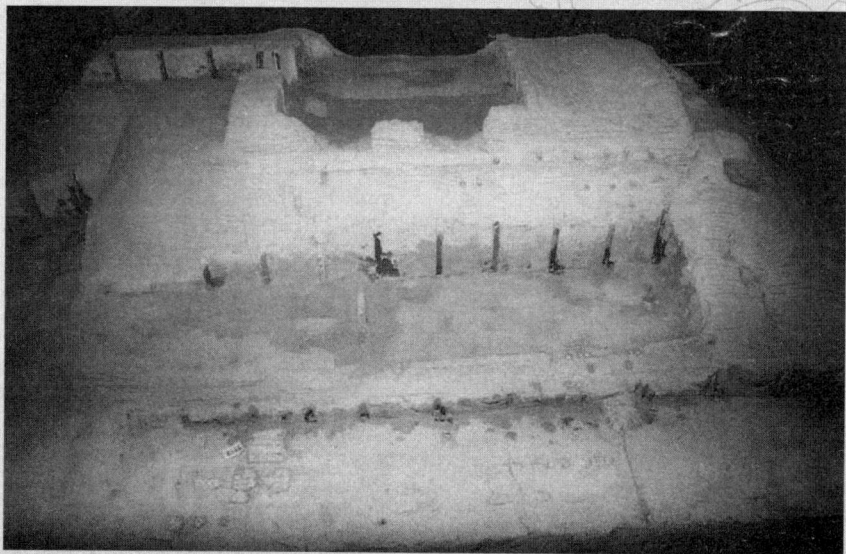

秦咸阳一号宫殿遗址

南），获得大批军粮供给。郦食其因此被刘邦封为广野君，他的弟弟郦商率数千人加入刘邦，被封为将。刘邦兵力更为壮大。

　　三月攻克白马后，刘邦又于四月进占颖川（今河南禹县）。张良率军在此地与刘邦合兵，刘邦留下韩王成守阳翟，自己与张良一同南进。七月，又得南阳（今河南南阳）郡守吕齮投降。一路上，刘邦势力日益壮大，在西进途中所向无敌，先后攻下丹水（今河南淅川西）、胡阳（今河南唐河湖阳镇）及析县（今河南西峡）等。八月，刘邦率数万大军攻克武关（今陕西商南南），屠城后挥师北上，直逼咸阳。

　　在义军紧逼的情势下，秦中丞相赵高惟恐二世迁怒，称病不朝。秦二世派人捉拿赵高问罪，赵高便与他的女婿咸阳令阎乐、他的弟弟赵成合谋杀了二世，命二世的侄子子婴斋戒五日，准备即王位。子婴了解赵高已与义军有密约，发兵在斋宫诱杀赵高，夷灭赵氏三族，并派兵扼守峣关（今陕西蓝田东南），抗拒义军攻势。

　　这时，刘邦已经率领数万大军到达峣关南面。依照张良的计谋，义军在

秦咸阳一号宫殿遗址

山上大量张插旗帜设疑兵之计，张扬声势，并派郦食其与陆贾劝秦将投降，同时，刘邦却带兵绕过峣关，翻越黄山，突然袭击蓝田（今陕西蓝田西），大破南北两面的秦军，于是据守峣关的秦军全部瓦解。前106年，沛公刘邦进驻霸上（今陕西西安东），秦王子婴投降，秦王朝灭亡。

刘邦约法三章

汉元年（前206）十月，刘邦率军由蓝田（今陕西蓝田西）至霸上（今陕西西安东南）。秦王子婴乘素车、白马，以印绶系颈，封好秦皇帝的玺、符、节等，在轵道（今陕西西安东）旁向刘邦投降，至此，秦朝灭亡。于是，刘邦向西进入咸阳，诸将争先进入金帛财物府库分占财物，只有萧何一人首先进入秦丞相府收缴图籍、文书、律令，并妥为保藏。刘邦由此掌握全国山川险要、郡县户口、民情疾苦等社会情况，为此后平定天下奠定了战略基础。此后刘邦听从樊哙、张良建议，将大军撤回霸上。十一月，刘邦在霸上召集各县父老豪杰开会，并当众宣布："父老乡亲遭受秦朝苛法残害已经很久了。我曾经和诸侯订立盟约，率先进入函谷关（今河南灵宝东南）的人就封为关中的统治者，因此理当由我统治关中。现在与各位父老约法三章，即"杀人者死，伤人及盗抵罪"。其余秦苛法一律废除。"于是秦地百姓非常高兴，刘邦也因此奠定了民众基础。

刘邦进军关中

古汉台。古汉台位于汉中市的东南隅，是刘邦在汉中时的王宫。

项羽分封·自任西楚霸王

汉元年（前206）正月，项羽入关后，派人向楚怀王报告并请示封王事情。怀王坚持过去的盟约："率先进入并平定关中的为王"，任命刘邦统治关中。项羽对此气愤不已，于是名义上仍尊奉楚怀王为义帝，让他仍旧居住在盱眙（今江苏盱眙东北）。二月，项羽自立为西楚霸王，掌管梁、楚地方九郡，设都彭城（今江苏徐州）。并分封18个诸侯王。

项羽本来不想让刘邦为关中王，又担心违反背约之名，于是与范增策划说"巴、蜀地方道路险峻，秦朝被流放的人都居住蜀地，而且巴、蜀两地也地处关中。"因此封刘邦为汉王，统治巴、蜀、汉中等地，设都南郑（今陕西汉中）。并将关中一分为三，分封秦3个降将，借以阻挡汉王东向的通道：章邯为雍王，掌管咸阳以西，设都废丘（今陕西兴平东南）；司马欣为塞王，掌管咸阳以东、黄河以西，设都栎阳（今陕西临潼东北）；董翳为翟王，掌管上郡，设都高奴（今陕西延安东北）。其余14个诸侯王为：申阳为河南王，统治河南郡，设都洛阳；司马卬为殷王，治理河内郡，设都朝歌（今河南淇县）；张耳为常山王，管理赵地，设都襄国（今河北邢台）；英布为九江王，设都六（今安徽六安）；吴芮为衡山王，设都邾（今湖北黄冈西北）；共敖为临江王，设都江陵（今属湖北）；臧荼为燕王，设都蓟（今北京市西南）；田都为齐王，设都临（今山东广饶旧临淄）；田安为济北王，设都博阳（今山东泰安北集坡）；将魏王豹改封为西魏王，掌管河东郡，设都平阳（今山西临汾襄陵西）；将赵王歇改封为代王，设都代（今河北蔚县代王城）；将燕王韩广改封为辽东王，设都无终（今天津蓟县）；将齐王田市改封为胶东王，设都即墨（今山东平度古岘东南）；韩王成仍然为韩王，居住在原来都城阳翟（今河南禹州）。

鸿门宴

汉元年（前206）十一月，项羽在新安（今河南渑池千秋镇）活埋投降秦兵20万后，率军日夜兼程西进，逼近关中。当时，刘邦已占据关中，为对抗项羽，派兵扼守函谷关（今河南灵宝东南），并速调关中汉兵增援。十二月，项羽率军至函谷关，见关门紧闭，又听说刘邦已平定关中，大怒。于是命令英布攻破函谷关，进兵至戏（今陕西临潼西北），准备讨伐刘邦。此时项羽拥兵

"鸿门宴"遗址鸿门坂

40万，号称百万，驻扎新丰鸿门（今陕西临潼东的项王营），刘邦有兵10万，号称20万，安营灞上（今陕西西安东南）。项羽谋士范增劝说项羽立即攻击刘邦。项羽季父项伯与张良素有交情，当夜策马刘邦军中将范增的计谋密告张良，劝张良赶快逃避。张良将情况告诉刘邦。刘邦以祝寿为借口摆下酒宴，款待项伯，并与项伯结为姻亲，请项伯从中调解与项羽的矛盾，表明毫无背叛项羽的意思。项伯答应接受刘邦请求，并要求刘邦第二天亲自到鸿门与项羽和解。项伯连夜赶回鸿门向项羽报告刘邦真情，趁机劝说项羽，认为如果刘邦不先消灭关中秦兵，您怎么能进入关中？现在刘邦立有大功而您要讨伐他，是为不义；不如好好对待他。项羽认为项伯所说有理。第二天早晨，刘邦亲自到鸿门面见项羽，陈述实情，说有人中伤、挑拨关系，项羽说："这是你左司马曹无伤说的。"于是设宴招待刘邦。席间，范增三次举起所佩玉玦，示意项羽杀掉刘邦，项羽犹豫不决。范增于是指使项羽堂弟项庄来席前舞剑助兴，想乘机击杀刘邦。项伯见此情况后也拔剑起舞，并经常用自己身躯保护刘邦。张良也离席去叫樊哙。樊哙携带剑盾闯入军门，指责项羽要杀有功之人。刘邦借上厕所的机会，在樊哙等人的护卫下，由小路急忙返回灞上。并立即将曹无伤处死。

鸿门宴后不久，项羽率军向西进入咸阳，纵兵屠城，杀王子婴，火烧秦都城宫室，并挖掘秦始皇坟墓，收缴秦宫室珠宝财物，虏掠宫室妇女，令关中百姓大失所望。

韩信暗渡陈仓

汉元年（前206）四月，刘邦接受项羽分封，前往南郑（今陕西汉中）就任汉王位，项羽派兵3万人护从。楚军与诸侯军中仰慕刘邦声名的共数万人从杜（今陕西长安杜曲）向南进入子午谷，随刘邦进入汉中，张良送至褒中（今陕西沔县东）后和刘邦告别，并返回辅助韩王成。临别时，张良劝说刘邦烧绝所经过栈道（又名阁道，古代在山崖上架木为道以通行），以防诸侯偷袭，并麻痹项羽，表示此去后没有再返回之意。韩信以前仗剑投奔项梁军，项梁兵败后归附项羽，曾多次向项羽献计，始终不被采纳，于是离开项羽出走，投奔刘邦。有一天，韩信违反军纪，按规定应当斩首，临刑时看见汉将夏侯婴，就问到："难道汉王不想得到天下吗，为什么要斩杀壮士？"夏侯婴以韩信所说不凡、相貌威武而下令释放，并将韩信推荐给刘邦，但未被重用。韩信多次与萧何谈论，为萧何所赏识。刘邦至南郑途中，韩信思量自己难以受到刘邦的重用，中途离去，被萧何发现后追回，萧何并多次向刘邦推荐韩信，称他是汉王争夺天下不能缺少的大将之材，应重用韩信。刘邦采纳萧何建议，七月，择选吉日，斋戒，设坛场，拜韩信为大将。于是韩信劝说刘邦抓住时机，利用将士锋芒正锐，向东出击以建大功，鼓动刘邦"决策东向，争权天下"。

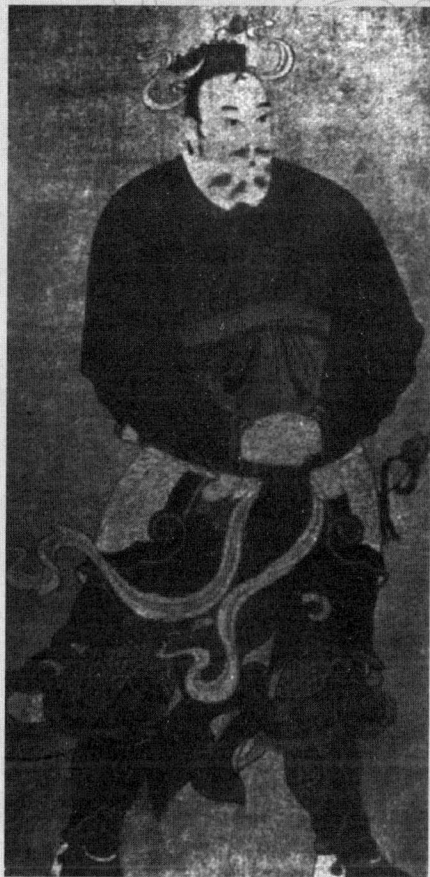

韩信像

刘邦听后很高兴，并采纳韩信计策，决心东进，夺取天下。同时在七月，项羽杀韩王成，张良逃离韩地，秘密经小路回到刘邦军中，刘邦封张良为成信侯，替自己出谋划策。八月，关东地区战火又起，项羽无暇西顾，刘邦想乘机占领关中，韩信为迷惑敌人，采取了"明修栈道、暗渡陈仓"的战术，先派兵在褒谷（今陕西沔县褒城镇北）、斜谷（今陕西眉县西南）一线假装修复栈道，虚张声势，迷惑敌人。实际上，韩信率汉军主力暗中由故道（今陕西凤翔西北）偷越陈仓（今陕西宝鸡市东），向雍王章邯发起突然袭击，连败章军。章邯退回废丘（雍都，今陕西兴平东南）。刘邦进入咸阳，率兵包围废丘，并分派诸

千佛崖蜀道。时过千年，昔日的古栈道仍是今日川陕公路的重要路段

将攻占秦地。此时，塞王司马欣、翟王董翳都见机向刘邦降。于是刘邦平定雍、塞、翟三秦地，占据关中，使之成为楚汉战争中与项羽争夺天下的后方基地。

楚汉相争·彭城大战项羽大败刘邦

汉元年（前206）八月，关东战火续起，刘邦也出兵关中，平定三秦地。汉二年（前205）十月，赵将陈余与齐相约联手攻击并驱逐常山王张耳，张耳兵败归附汉王。刘邦出关镇抚关外父老，河南王申阳投降，刘邦以他的领地设立河南郡。并让韩襄王孙信为韩太尉，率兵在阳城（今河南登封东南）进攻韩王郑昌（项羽所立），以扫除东进障碍，郑昌投降。十一月，刘邦立韩太尉信为韩王。汉二年正月，刘邦手下诸将攻克北地郡（今甘肃西峰东南），俘虏章邯弟章平。三月，刘邦由临晋（今陕西大荔朝邑）渡过黄河进入河东郡（今山西夏县西北），魏王豹投降。此后刘邦率军东进攻取河内郡（今河南武陟西南），活捉殷王司马卬，并以他的领地设立河内郡。此时刘邦汉军势力日益强盛。另外，汉二年十月，项羽暗中命令九江王英布、衡山王吴芮、临江王共敖等袭击义帝，并将义帝杀死在长江中。三月，刘邦至洛阳新城，采纳三老（官名，掌一乡之教化）董公建议为义帝发丧，并遣出使者向各路诸侯通报，要求大家协同作战，讨伐项羽。四月，刘邦率领五路诸侯（常山、河南、韩、魏、殷）联军共56万人，从洛阳出发，号召为义帝复仇，向东讨伐项羽。行至外黄（今河南杞县东），彭越率兵3万余人归附汉王。刘邦任命他为魏相国，命令他率兵平定梁王的领地。刘邦迅速进入彭城，接收项羽的物资、珠宝和美人，日日饮酒作乐。项羽闻讯，命令其部将留守齐地，自己率3万精兵南下向刘邦扑来。项羽从鲁（今山东曲阜）一路南下，越过胡陵（今山东鱼台东南）进军到彭城西郊的萧县（今安徽萧县西北），并于第二天早晨向刘邦汉军发起攻击，东逼彭城，至中午大破汉军。汉军溃败，拥挤仆倒跌入谷水、泗水，死伤10余万人。汉军南逃，项羽紧追不舍，至东濉水上，汉军跌入水中被淹死10余万人，竟阻断一河水流。适逢由西北方向突然刮起大风，飞沙走石，一时天昏地暗。楚军惊骇，阵脚大乱而溃散。刘邦乘机与几十名骑兵逃去。途中遇子刘盈（即后来的汉惠帝）、女鲁元公主，于是一同逃走。刘邦的父亲太公、母亲刘媪及妻子吕雉等则为项羽俘虏，作为人质。经此一战，诸侯再一次背叛汉王亲楚王。刘邦也因此而大伤元气，不得已由彭城退守下邑（今安徽砀山），渐渐收集失散和逃亡的士卒。五月，刘邦到荥阳，各路败军都来会集，此外又得到关中兵员补充，势力再次大振，于是和项羽楚军在京（今河南荥阳东南）、索（今荥阳）之间相持不下。

韩信背水一战

汉元年（前206）八月，韩信"明修栈道，暗渡陈仓"，一举平定三秦地。汉二年（前205）五月，魏王豹借口回魏都平阳（今山西临汾襄陵东北）探望母亲疾病之机背叛汉王而归附楚王。刘邦派郦食其前往劝他回心转意，魏王豹拒绝。八月，刘邦以韩信为左丞相，与灌婴、曹参等协同攻击魏王豹，大败魏军。九月，韩信活捉魏王豹，平定魏地。后韩信派人请刘邦增兵3万人向北攻取燕、赵，向东进攻赵王，向南切断楚军后勤补给通道。刘邦同意，

井陉古战场。河北省井陉县的古战场遗迹，历史上著名的"背水一战"，就发生在这里。

拜将台。陕西汉中市城南的"拜将台"，传说是刘邦拜韩信为大将军时所设之坛。

并命令张耳率军增援，与韩信合力向东进攻，并向北攻击赵、代。闰九月，韩信击破代军，活捉代相夏说。汉三年（前204）十月，韩信、张耳率军数万越过太行山，向东攻击赵地。当时，赵王歇与赵军统帅成安君陈余在井陉口（又名土门关，在今河北井陉，为太行山八大隘口之一）聚集重兵，号称20万，想与韩信决战。广武君李左车建议从小路出兵消灭其辎重"以出奇制胜"，陈余不听。韩信知道情况后大喜，于是采用"置之死地而后生"的背水阵战术，率兵离井陉口30里地时停止进军。半夜时分，向部将发出出兵的命令，并首先挑选轻骑2000人，每人手持红旗，由小路顺着山边隐蔽前进，至赵军营壁附近待命。另派万人作为先锋进军至绵蔓水（在井陉境）东岸，背对着河水摆下战阵。天明，韩信竖大将旗鼓，向井陉口攻击。赵军一看，立刻开壁门迎战。经长时间的激战后，韩信、张耳假装战败，向水上军逃跑，双方又展开激战。赵军见汉军背水而立，后无退路，于是倾巢出动猛攻汉军。此时，先行埋伏赵营附近的2000汉军轻骑立即驰入赵壁，将赵旗全数拔去并竖立起汉帜。汉军水上军因后无退路，拼力死战，赵军久战不下，想撤回大本营，突然发现赵壁上空汉帜招展，军心大乱。韩信指挥汉军趁势夹击，大破赵军。陈余也于泜水上为汉军所杀，赵王歇及李左车等都为汉军俘虏。此后，燕地望风而降。

楚汉相聚广武·划鸿沟为界

汉四年（前203）十月，刘邦与项羽相持于广武（今河南荥阳东北），项羽想与刘邦单独挑战，刘邦说"我宁愿斗智，不愿斗力"，并列数项羽十条罪状："羽负约，王我于汉，罪一；矫杀卿子冠军，罪二；救赵不报，而擅劫诸侯入关，罪三；烧秦宫室，掘始皇帝冢，私其财，罪四；杀秦降王子婴，罪五；诈坑秦子弟新安20万，罪六；王储将善地，而徙逐故主，罪七；出逐义帝，自都彭城，夺韩、梁地，罪八；使人阴杀义帝江南，罪九；为政不平，主约不信，天下所不容，大逆无道，罪十。"项羽大怒，埋伏箭手射中刘邦胸口。

刘邦由于伤重，因而驰入成皋。八月，楚汉两军相持在广武达3个月之久，项羽自知难以得到他人援助，粮草快要耗尽，韩信又进兵攻击，于是被迫与刘邦订立和约：以鸿沟（今荥阳东南）为界，中分天下，鸿沟以西属汉，以东属楚。后项羽遵照和约，送还彭城大战后被俘而作为人质的太公、吕雉等刘邦家人，率军向东，返归原地。而刘邦谋臣张良、陈平等劝说刘邦乘楚军饥饿疲惫之机派兵追击。因此，鸿沟之约并未对汉军发生效力。

刘邦像

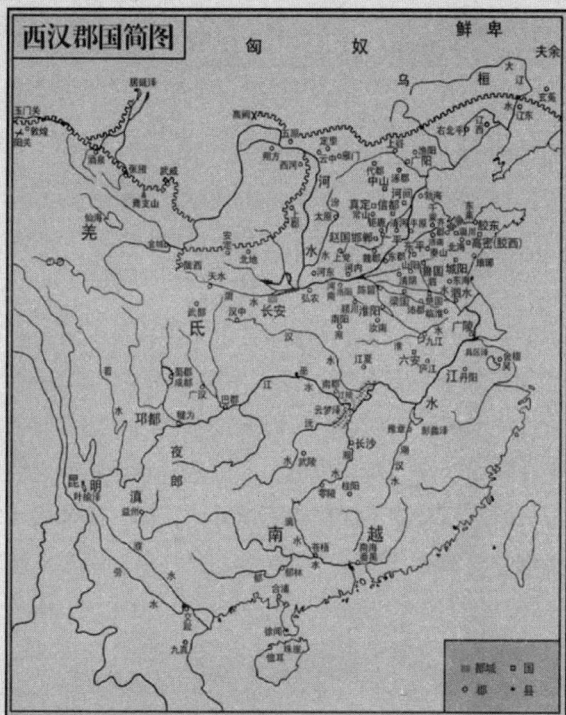

刘邦称帝

项羽兵败在乌江岸边自刎后，刘邦随即平定楚地，不久其他地方也渐渐
投降归附。汉五年（前202）二月，诸侯王都上疏请求尊奉汉王为皇帝。刘邦
于是在汜水（今山东曹县附近）之阳即皇帝位，成为西汉王朝的开国皇帝，
这就是历史上的汉高祖。尊奉王后称皇后，太子称皇太子。刘邦称帝初期建
都洛阳，不久迁都长安。

项羽自刎乌江

汉四年（前203）八月，楚汉订立和约，以鸿沟为界。后项羽履约，率兵东归。
而刘邦则采纳张良、陈平建议，乘势追击楚军，由此开始了刘邦对项羽的歼
灭战。经过数次胜负战斗，至汉五年（前202）十二月，刘邦部将韩信率30
万汉军和诸侯联军，将项羽的10万军队紧紧包围在垓下（今安徽灵璧东南）。
此时项羽兵少粮尽，士气低落，与汉军接战不能取胜，无奈只得退入营壁。
到了夜间，四面汉军都唱起楚歌，瓦解项羽的军心，10万楚军最后逃得只
剩下了数千人。项羽听见四面楚歌，以为汉军已经全部占领了楚地，于是陷
入绝望。半夜在帐中饮酒，情怀悲凉，不由地对着爱姬虞姬慷慨悲歌："力
拔山兮气盖世，时不利兮骓不逝！骓不逝兮可奈何，虞兮虞兮奈若何！"高
歌数遍。虞姬唱和，随后自杀死。于是项羽乘乌骓马率800精骑趁夜突围南
逃。天明，韩信命令灌婴率5000骑兵追赶。项羽渡淮河，跟从者仅百余人，
至阴陵（今安徽和县北）迷失道路，向一田夫打探，田夫欺哄说往左去，不
料竟陷入沼泽中，为汉军追上。不得已，项羽又率兵向东逃到东城（今安徽

乌江渡口

定远东南），这时身边仅剩骑兵 28 名。项羽自料难以逃脱，于是仰天长叹，认为是上天要灭亡他，而并不是战争之罪，于是策马大呼，飞驰而上，斩杀汉兵上百人，最后退到乌江（今安徽和县东北），准备渡江返回江东。当时乌江亭长在江岸边备好渡船，只是项羽自己无颜见江东父老，在斩杀汉追兵数百人后举剑自刎，年仅 31 岁。

刘邦分封同姓王

　　汉高祖六年（前 201）正月，刘邦大封同姓诸侯王以镇抚天下。

　　西汉初年，出于政治上和军事上的需要，在郡县制外刘邦分封了一批异

"汉并天下"瓦当。汉高祖刘邦初定天下时所造。汉代宫廷、官署等使用的建筑瓦当，多刻文字，并形成了一种独具风格的瓦当文。

姓王国，如封韩王信为韩王、彭越为梁王；改封原齐王韩信为楚王、衡山王吴芮为长沙王、九江王英布为淮南王、张耳之子张敖袭为赵王；初封藏霸为燕王，后改封卢绾为燕王等。但刘邦对他们并不放心，因为他们是异姓，是刘汉天下的割据分裂因素，因此，刘邦想方设法剪除异姓王，以同姓子弟为王来取代他们。首先以企图谋反罪逮捕韩信，将其贬为淮阴侯。接着又以谋反罪诛杀彭越，并率兵征伐英布，逼使韩王信、卢绾投奔匈奴。尔后以谋反罪废除赵王张敖改任为宣

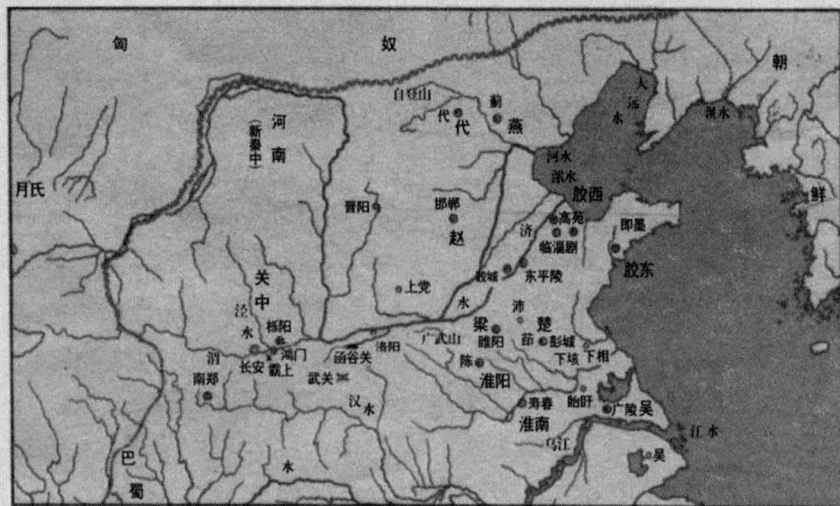

汉初封建图

平侯。这样，除国小势弱的长沙王吴芮外，异姓王皆被消灭。随即刘邦以天下刚刚平定，儿子幼小，兄弟少，在讨伐秦朝的战争中又有阵亡等为借口而分封同姓诸侯王以统治关东地区。当时将楚王韩信的封地一分为二，划分为两个诸侯国：任命从兄、将军刘贾为荆王来统治淮河以东53县；任命弟、文信君刘交为楚王以统治薛郡、东海、彭城等36县。又以云中、雁门、代郡等53县立兄、宜信侯刘喜为代王；以胶东、胶西、济北、博阳、城阳郡73县立微服私访时与别人所生之子刘肥为齐王。同时与众大臣订立盟约，规定今后凡不是刘氏而称王，天下共同征讨。此后刘邦还立刘长为淮南王、刘建为燕王、刘如意为赵王、刘恢为梁王、刘友为淮阳王、刘恒为代王、刘濞为吴王等。到高祖十二年（前195），刘邦共封刘姓11人为诸侯王。虽然大封刘姓为王加强了中央对地方的控制，但是也为日后诸侯王的叛乱奠定了物质基础。

韩信被贬

韩信辅助刘邦夺取天下，因战功显赫被封为齐王，掌握重兵。刘邦一直对其怀有疑忌，楚汉战争一结束即改封韩信为楚王。韩信到封国后，经常到县乡体察民情，并随带士卒，因此被人上告有谋反之心。汉高祖六年（前201）十二月，刘邦用伪游云梦之计逮捕韩信。将他带到洛阳后又释放，并将他贬为淮阴侯。韩信被贬后居住在都城长安，知道刘邦对他有猜忌之心，因此假称身体不好，不参加朝廷活动，心中怏怏不乐。有一天，刘邦与韩信探讨用兵之道。韩信认为自己统帅军队多多益善，刘邦率兵最多10万。刘邦听后笑着说，既然如此，你又怎么会让我捉住？韩信回答说，陛下不擅长率兵但擅长统帅将领，所以我会被捉住。像陛下这样的率将本领是上天所赋予的，而不是人力所能够做到的。刘邦听后很高兴。

刘邦被围白登

汉高祖七年（前200）十月，刘邦被匈奴王冒顿围困于白登山。

汉朝初年，匈奴冒顿单于不断攻扰汉朝北方郡县。汉高祖七年九月，匈奴冒顿大军将汉楚王韩王信包围在马邑（今山西朔县西北），韩王信派人向冒顿求和遭刘邦疑忌。韩王信担心被杀，于是以马邑向匈奴投降。匈奴冒顿得到韩王信帮助，率军向南越过句注，围攻晋阳（今山西太原）。刘邦亲率大军北伐韩王信，击破其军，韩王信逃到匈奴。当时，刘邦听说冒顿在代谷（今山西繁峙西北）驻扎，想攻击他。于是先派人侦察冒顿虚实。而冒顿将其精锐士兵、肥牛马等隐藏起来，仅以老弱之人和瘦弱牧畜引诱汉朝军队。刘邦不知是计，将汉兵32万全部派出北击匈奴，并不听刘敬的有关敌情报告，亲率先头部队前进到平城（今山西大同东），被冒顿40万精锐骑兵围困在白登山（今山西大同东北）达7天之久，汉军里外不能相救。后刘邦听从陈平计策，用重金贿赂冒顿的阏氏（相当于汉皇后），才得以突围，到平城与汉朝大军相会合。此后，冒顿率军离去，刘邦也罢兵退回长安。经此一役，刘邦认识到仅以武力手段解决与匈奴的争端的条件还不成熟，因此在此后的相当一段时期里，采取"和亲"政策便成为汉笼络匈奴、维护边境安宁的主要手段。

汉与匈奴和亲

汉高祖八年（前199）九月，刘敬向刘邦建议与匈奴和亲，以求边境安宁。

汉高祖七年（前200），刘邦被匈奴击败于平城白登山，楚王韩王信投降匈奴。匈奴冒顿单于兵强马壮，有精锐骑兵40万，不断侵扰汉朝北部边境。

高祖刘邦深以为患，向刘敬询问对策。刘敬认为汉天下初定，师劳兵疲，不能以武力征服，而应从长计议，设法让单于的子孙俯首称臣。他于是提出采取"和亲"政策，建议刘邦以嫡长公主嫁于匈奴，作为单于的阏氏（相当汉朝的皇后），认为如生子必为太子，以后可以代立为单于。现在冒顿在世，是汉家的子婿，他死后儿子做单于，是汉家的外孙，外孙自然不会与外祖分庭抗礼。这样

"单于和亲"瓦当。是西汉与匈奴通过婚嫁达到政治联姻的实物见证。

用不着征战就可使匈奴称臣。刘邦深以为然，准备派遣长公主前往匈奴。吕后知道后为此日夜哭泣，因为她只有一子一女，不愿长公主远去匈奴，高祖无奈，只好于高祖九年（前198）冬，派刘敬前往匈奴，以"家人子"（汉宫人名号）冒充长公主嫁给冒顿单于，并约定每年进奉匈奴絮缯酒食各若干，约为兄弟，缔结和亲之约。这是汉匈之间第一次和亲。并开放汉与匈奴之间的关市。由此汉北部边境逐渐安宁。此后，汉惠、文、景诸帝时又各遣宗室女或公主与匈奴单于联姻。

吕后诛杀韩信

汉高祖十一年（前196）正月，韩信想谋反，为吕后和萧何诱捕，被杀。

在经历数年的楚汉之争中，韩信作为刘邦最得力的大将冲锋陷阵，为刘邦打败项羽，建立汉天下创立了赫赫战功。然而，韩信却遭到刘邦及吕后的猜忌，楚汉战争一结束，韩信即被改封为楚王。高祖六年（前201）十月，刘邦再次采用陈平计谋，伪游云梦，诱捕韩信。十二月，废除韩信的楚王位，

韩信像

盘口鼎。为南越地区典型器物。

将他贬为淮阴候。韩信郁郁不得志，称病不参加朝廷活动。

汉高祖十年（前197）九月，刘邦宠臣陈豨反叛，自立为赵王，劫掠赵、代属地。刘邦用羽檄征召天下兵士，并亲自率兵征讨陈豨。韩信一向与陈豨交情不错，于是称病在家，不听从刘邦诏令，暗地里派人去向陈豨报告，谋求里应外合，并准备与家臣乘夜伪称诏令大赦诸官罪犯和奴役，发兵袭击吕后和太子。当时韩信舍人得罪了韩信，韩信想杀掉他。舍人弟怀恨在心，于是向吕后告发韩信谋反情况。吕后想召韩信，又担心他的党羽作乱，便与丞相萧何商讨计策，诈称有使者从刘邦军中来，并说陈豨战败已死，让列侯群臣庆贺。萧何极力要求韩信入宫庆贺，韩信不知是计，于是入宫，吕后即令武士将韩信抓起来。至此，韩信才醒悟过来，后悔自己没有采用蒯彻计谋，结果反为女子所欺骗，并认为这都是天命。于是韩信被吕后斩杀于长乐宫钟室，并被灭三族。

汉高祖预定后事

汉高祖十一年（前196）七月，淮南王英布谋反，刘邦亲自率军平叛，不幸为流箭击中，途中未得及时医治，又加舟车劳累，难以为治。临终前吕后问刘邦，陛下及相国萧何死后，谁可代替相国萧何，刘邦认为曹参可以；吕后再问还有谁可以，刘邦又认为王陵可以，不过王陵主意不多，陈平可以给予辅助；陈平主意虽多，但是难以独当一面。并认为周勃为人厚道，性格刚强，将来安定刘氏天下的一定是他，可以让周勃当太尉，掌握兵权。吕后又问以后的事，刘邦说，此后也不是你所能知道的了。高祖刘邦预定后事对维护汉初社会稳定、发展生产有一定作用，同时也抑制了吕后的扩权野心。汉高祖十二年（前195）四月，刘邦终于病逝。葬于长陵（今陕西咸阳东），群臣以"帝起细微，拨乱世反之正，平定天下，为汉太祖，功最高"，尊为高皇帝。五月惠帝即位，吕后被尊为太后，渐露专权野心。

吕后毒杀赵王

汉惠帝元年（前194）十二月，吕后毒杀赵王如意，并刑其生母戚夫人。

刘邦称帝后，立刘盈为太子，但刘邦嫌刘盈为人仁慈心软，时常想废掉他，而立宠姬戚夫人之子赵王如意为太子。汉高祖十年（前197），刘邦欲废太子刘盈而立赵王如意。群臣反对，都不得要领。吕后于是问计张良，张良建议请商山四皓辅助太子，使刘邦不敢改立。御史大夫周昌极力进谏，刘邦也明白太子已羽翼丰满，很难改立，只得作罢。但刘邦担心自己死后戚夫人母子难得保全，因而任命周昌为赵国丞相，以护卫赵王。

汉高祖十二年（前195）四月，高祖刘邦去世，五月，太子刘盈即皇帝位，是为孝惠皇帝，尊吕后为皇太后，吕后因废立太子之事，非常痛恨戚夫人及其子赵王如意，此时便命令将戚夫人囚禁在永巷，穿红褐色衣服，罚她做舂米劳役。戚夫人一边舂米一边唱道："子为王，母为虏，终日舂薄暮，常与死为伍！相离三千里，当谁使告女？"吕太后听说大怒，于是命令赵王入京，派出的人往返三次，但赵王仍然没有按要求入京。太后大怒，便改召赵国丞相周昌入京，并派人再一次召赵王入京。惠帝刘盈知道太后的愤怒，于是亲自迎接赵王入宫，并与他一起起居饮食，以防太后对赵王下毒手。太后想杀赵王，但一时难有机会下手，数月后，惠帝清晨起身外出狩猎，赵王年纪小未能早起。太后打听到赵王一个人独处后，于是派人强迫赵王喝下毒酒。待惠帝回宫，赵王已死。于是改任淮阳王为赵王。此后不久，太后又派人斩断戚夫人手和脚、挖去眼睛、熏耳、饮喑药，并让她居住在窟室中，命名为"人彘"。后又召刘盈去看，惠帝知道是戚夫人，于是被吓得大哭，由此患病卧床不起一年之久。此后日夜饮酒作乐，不理政事，朝中大权为吕后独揽。

长安城建成

汉惠帝五年（前190）九月，长安城建成。

汉都城长安的营建开始于汉高祖五年（前202），当时以秦兴乐宫为基础，兴建了长乐宫作为皇宫，高祖七年（前200）十月，长乐宫建成，刘邦自栎阳迁都长安，并在长乐宫中改行汉朝礼仪。此后又以秦章宫为基础兴建了未央宫，并在长乐宫和未央宫之间修筑了武库，另在长安东南修建了太仓。汉惠帝时开始修筑长安城。惠帝三年（前192）春，征发长安附近600里内男女14.6万人修筑长安城，30日中止。六月，再次征发诸侯王、列侯有罪之刑徒、奴隶2万人筑建长安。五年春正月，又征发长安附近600里内男女14.5万人修建长安，30日后停工，同年9月，长安城建成。

长安城城墙又高又厚，雄伟壮观，规模空前。城墙高达8米，基底厚16

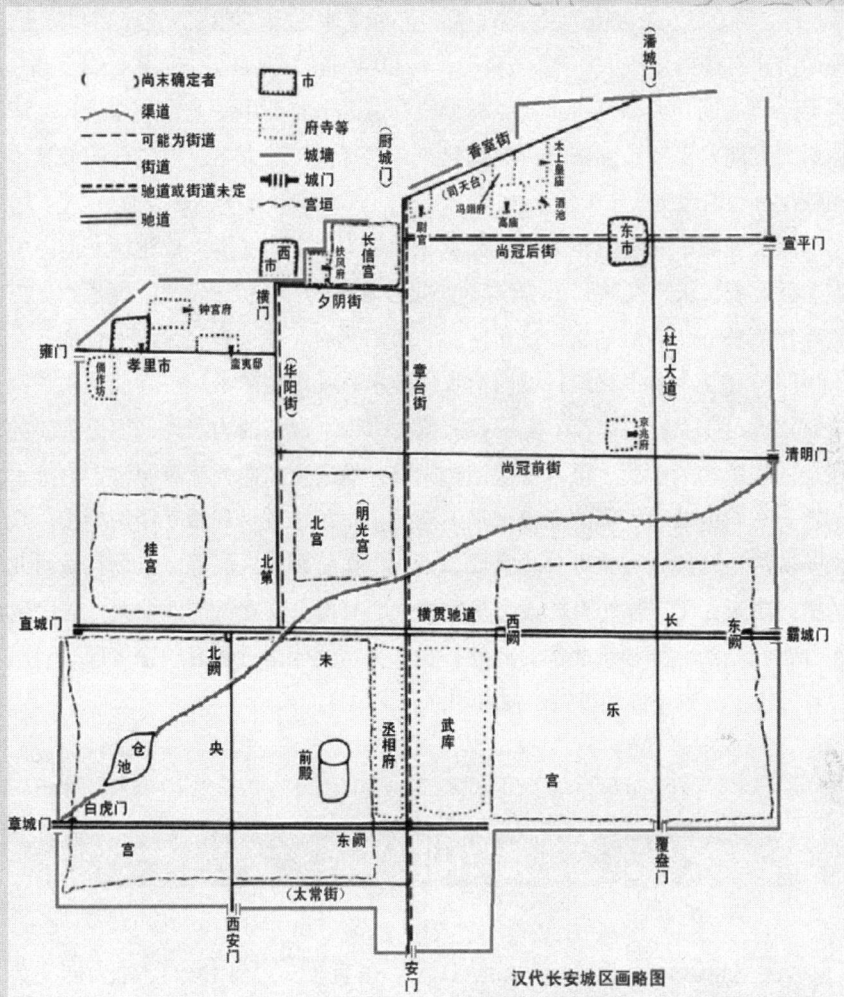

汉代长安城区画略图

米，土质纯净，遂层夯实。城墙四周共开城门 12 座。城内有 9 条主要街道干线互为经纬，正中纵横交叉的两条街道称为"驰道"，属皇帝专用。长乐宫、未央宫处于城内南部。汉武帝时期，在城内又陆续兴建了桂宫、明光宫和城西的建章宫，在城郊开凿了昆明池，充实了上林苑中的宫观建筑，大规模扩建了避暑胜地玉泉宫。此时长安城建设规模达到了顶峰。其范围包括沪、灞、沣、潏、涝、皂6条河流。汉元帝以后，外戚贵族竞相在城内兴建住宅和池苑，使城内建筑拥挤，官办的冶炼、铸造作坊被压缩在城内西北一角和城西南部。王莽当政时期，大搞复古主义，拆毁建章宫和上林苑中一批宫观建筑，并于城南大建明宫、辟雍和宗庙等礼制建筑，大规模扩建太学。但汉长安城基本面貌没有很大改变。

汉长安城平面近似正方形，长宽几乎相等，方向基本上成正南北向。根据文献记载，汉长安城有16座桥梁，此外城中还有旱桥——飞阁复道。城内道路相当整齐，街道笔直，或东西向、或南北向，在城内交叉、汇合成8个丁字路口和2个十字路口。城内给水、排水系统规划严密，一方面利用了周秦时代的给水系统，以沣、滈两条河流为水源，以滈池为水库，而更主要的还是依靠沄水为水源。排水系统结构完整，城内大街两旁都有明沟，为排水干道。它们由城墙底部的涵道或水道连接，将污水排泻到城外壕沟中去。汉长安城的市区规划大致可分为宫殿、市场、作坊和居民区等。市场在城西北的横门附近；手工作坊有的设在皇宫之中，有的分布在城内西北角；居民区多分布在城的北部和东北部。此外，在未央宫北阙附近还有"蛮夷邸"，居住着外国、少数民族的首领、使者和商人。

张良闭门学道

张良庙。始建于汉。

张良（？～前186，或前189，前185），刘邦谋士，为刘邦奠定汉天下立下赫赫战功。刘邦赞扬他"运筹帷幄之中，决胜千里之外"，与萧何、韩信被誉为汉初三杰。汉朝建立时被封为留侯。刘邦晚年想改立戚夫人子如意为太子，张良为吕后出谋划策，请商山四皓辅助太子，使刘邦不敢改立。张良晚年

南朝"南山四皓"画像砖。秦末汉初，东园公、甪里先生、绮里季和夏黄公四位八十多高龄的雅士曾隐居南山，这块画像砖所表现的就是这一人物故事。

退出政治活动，深受黄老之学影响，曾闭门学道，并从赤松子云游天下，善导引术（即今天所说之气功）。

吕后临朝称制

　　自从汉惠帝刘盈应吕后之召去看"人彘"后，看不惯其母的残酷，于是日夜沉缅于酒色之中，不理政事，至惠帝七年（前188）死于未央宫。由于惠帝与张皇后没有孩子，于是取后宫美人之子作为惠帝之子立为太子。惠帝死，太子继位，史称少常。由于少帝年幼，因此由吕太后临朝称制，代行皇帝权力。第二年即高后元年（前187），吕后想立吕姓为王，遭到王陵等大臣和刘姓王侯的强烈反对。吕后很不高兴，于是剥夺王陵丞相大权，并以亲信审食其控制朝廷。之后，在迫害、消灭刘姓王侯的同时，违背刘邦与群臣"不是刘姓而称王，天下共击之"的盟约，着手分封吕姓为王。首先追尊其父临泗侯吕

吕后像

公为宣王，兄吕泽为悼武王，以试探朝野反应。不久，吕后又指使大谒者张释风告诉大臣，要求立悼武王长子郦侯吕台为吕王，割齐国济南郡为吕国。吕台死，其子吕嘉继承封爵。另一方面少帝渐渐长大成人，得知自己不是皇后所生，又听说其生母为吕后所杀，于是宣言："太后怎能杀我母亲而让我即皇帝位呢，我现在年龄尚小，待我长大了即要改变这种情况。"吕后听说后，担心少帝将来报复，于是将其囚禁在永巷中，少帝身边的人不得见面。并且吕后又对大臣伪称少帝病重，难以康复，神智不清，不能理政，应当另立皇帝，群臣畏惧吕后表示同意。高后四年（前184）初，废少帝并暗中杀害。五月，立恒王刘义为帝，更名弘。因太后临朝称制，因此不称元年。

吕后专权后更大封吕姓为王。六年，废吕嘉，以吕台之弟吕产为吕王。七年，将梁王刘恢改立为赵王，以吕产为梁王。刘恢被迫自杀后，吕后又立其兄之子吕禄为赵王。八年，燕王刘建死，吕后派人杀其子，并立吕台子吕通为燕王。同年七月，吕太后病重，任命吕禄为上将军，与吕产分掌北、南军，控制卫戍京师的军队。吕后分封吕姓为王，破坏了汉朝的根本体制，侵害了功臣集团的利益，也埋下了以后内讧的种子。吕后死后即酿成诸吕之乱。

吕后病死

汉高后八年（前180）七月，吕后因为狂犬病而死。

吕后即吕雉（前241～前180），字娥姁，秦末单父（今山东单县）人。汉高祖皇后，又称高皇后、高后。年轻时因她的父亲吕公为躲避仇家，移居沛县，由此结识刘邦并缔结婚姻。楚汉战争中，吕后与刘邦父母一起为项羽俘获，作为人质被扣留楚营数年。刘邦称帝时吕后被立为皇后。吕后为人残忍，富有谋略。在汉初消灭异姓王的战争中，吕后坐镇关中稳守后方，曾协助刘邦杀韩信、彭越等异姓诸侯王，为汉朝中央打击分裂割据势力，巩固统一的中央集权起了积极作用。刘邦死后，惠帝即位。吕后独揽大权，杀戚夫人及其子赵王如意。惠帝死后，吕后临朝称制，并暗中处死少帝。此外，吕后公然违背刘邦与群臣"非刘氏而王，天下共击之"的盟约，大封吕姓为王，以取代刘氏、控制军队，排斥功臣，提拔重用亲信。但吕后称制期间，继续推行休养生息的政策，因此汉朝社会比较安定，经济也得到发展。她死后不久，被分封为王的吕氏宗亲阴谋作乱，为大臣周勃等所平定，吕氏专权时代结束。

汉文帝诏举贤良

汉文帝二年（前178）十一月，文帝诏令天下推举贤良、方正、能直言极谏的人士。

贤良方正即指品行德操出众之人。文帝认为，君主的职责在于养育管理百姓，治理天下，使天下太平在于皇帝一人，皇帝如不能治理好百姓并让百姓过上安稳的生活，那就是很大的过失。因此下诏让天下推举贤良方正、能直言极谏之人，以广开直言之路，发现和补救皇帝在治理国家中的过失。汉朝举贤良方正以此为开端。一般认为，作为选用官吏的中国古代察举制度始于文帝二年的诏令。到武帝时形成了较为完备的选官制度。此后两汉诸帝大多颁行过类似的诏令。文帝通过此一诏令，搜罗了一大批民间人才。作为汉朝补充官员队伍的途径之一。

文帝九年编铙

这一措施在其推行的休生养息、稳定社会、发展生产的政策方面发挥了一定的作用。

汉文帝休生养息

汉文帝即位后积极推行休生养息政策，使生产逐渐得到恢复和发展。

汉文帝二年（前178）正月，贾谊上疏论积贮，认为国库充实百姓便知礼节，衣食丰足百姓就知荣辱，当务之急就是劝民归农，发展生产，使天下各食其力，主张从事工商末业和游食之民都应转到农业生产上来。积贮是天下的大事，只要粮食充实而财富有余，就什么事都好办。并认为国库充实，百姓就可以安居乐业，社会也得以稳定。文帝认为说得很对，于是下诏天下以农业为天下之本。此外为鼓励农业生产，文帝还诏赐天下，减征田租，即为三十税一。另一方面，文帝积极废除苛令，元年（前179）十二月，下令废除收孥相坐律，即废除秦父母、妻子、同党连坐法，有利于缓和社会矛盾。第二年五月又下诏废除诽谤妖言之罪，认为由于国家法律有诽谤妖言之罪，因而使臣下不敢尽情

弋射收获画像砖

而言，皇帝也就无法发现自己的过失，因此废除此法，以利下情上达。五年（前175）四月，文帝不顾大臣反对，下诏废除盗铸钱令，同意可由民间自行铸造。

然而，由于新铸钱和已铸钱大小、轻重、质量不一，而同在市场上流通，不但造成交易不便，而且更增加了币制的混乱，因此，这一措施效果不明显。十三年（前167）五月，文帝又下诏废除肉刑法，进一步缓和了社会矛盾。文帝通过废除苛令和采取与民休息、轻徭薄赋的政策，不但缓和了社会矛盾，而且使生产得以恢复和发展，从而使汉朝渐渐出现了多年未有的富裕景象。

汉文帝除肉刑·改革刑制

战国以后，奴隶制逐步瓦解，封建制开始确立。随着劳役刑制度与赎刑制度的出现与发展，以肉刑、死刑为核心的奴隶制的刑罚体系开始瓦解，以劳役刑为核心的封建制刑罚体系已逐渐发展成熟。中国古代的刑罚制度开始呈现文明化的发展趋向，这是汉文帝除肉刑、改革刑制的历史前提。

秦王朝的刑罚制度，不但种类繁多，结构庞杂，而且以野蛮、残酷著称。汉初为顺应民心，曾下令蠲除秦之苛法严刑。但在汉政权确立之后，为强化统治，又完全采用了秦的刑罚制度。

汉文帝即位后，由于经济发展，社会安定，人民生活也较富裕，犯罪行为减少，官吏执法清明，为改革刑制创造了一个较好的社会环境。

文帝十三年（前167），齐太仓令淳于公犯罪当处肉刑，他的

西汉熊足鼎。饪食器，有盖。敛口，鼓腹，双附耳，圆底，下有三熊足。熊作张口蹲立状，全身满刻细密鬃毛纹。

西汉馆陶家边鼎。馆陶指汉文帝女馆陶长公主。

小女儿缇萦上书给汉文帝，指出当时的刑制断绝了罪人改过自新之路。文帝见书，深有感悟，下令要求御史制定一套新的刑罚制度以替代肉刑。丞相张苍、御史大夫冯敬根据文帝旨意，提出了一套改革刑制的初步方案，以完城旦春代替髡刑，以髡钳城旦春代替黥刑，以笞三百代替劓刑，以笞五百代替斩左趾，而将斩右趾加重为弃市，从而基本上废除了奴隶制下实行了 2000 多年的惨无人道的肉刑制度。

这一改革，虽然废止了肉刑，但又出现新的问题。斩右趾改为死刑，对犯人来说是加重了刑罚。以笞刑代替斩左趾和劓，但笞数太多，使罪人饱受榜掠，笞未尽而命已丧。这与文帝改革刑制的初衷也是相违背的。这些缺陷的存在促使后来景帝进一步改革刑制。

另外，汉文帝改革刑制时，也同时废止了宫刑。

肉刑是一种残害人的肢体，使人终身致残的酷刑，是奴隶制残余在刑罚制度上的反映。汉文帝能够顺应历史发展的需要，废除肉刑，代之以徒、笞、死刑，使刑罚手段由野蛮残酷变得较为人道，具有进步意义，为中国古代刑罚制度由奴隶制的五刑向封建制的五刑过渡奠定了基础，是中国古代刑罚制度文明化的重要标志。

汉文帝的以废除肉刑为中心的刑制改革，以及后来景帝的进一步革新，使汉代的刑罚制度发生了很大变化。这一时期的刑罚制度正处于由奴隶制五刑向封建制五刑的过渡阶段，从体系上讲，比较繁杂；从结构上讲，也比较混乱，不尽科学、合理。但就刑罚的种类而言，总的趋势是在逐渐向较为轻和简的方向发展。

汉代最重的刑罚是死刑，有"弃市"、"腰斩"、"枭首"三种。秦代的各种处死犯人的酷刑已基本废除。文帝以及后来景帝的刑制改革，一方面废除了肉刑，另一方面也使徒刑规范化了。汉代的笞刑可以说是徒刑的附加刑，但从刑等上说重于徒刑。此外，汉代的刑罚还有徒边、禁锢、罚金、赎刑等。

选士制度鼎盛

选士制度开始于西周，到西汉时期，我国选士制度进入鼎盛时期。

汉代选士制度的鼎盛主要表现在它有众多的选士方式。汉代选士，以察举和考试为主体，以荐举、辟署、征召、军功、纳赀、任子等为辅助，多途径、多方位地选拔贤士为官吏。察举是经过考察后进行荐举的选官制度，盛行于两

举孝廉图。秦汉选官为察举制，孝廉、茂才等常科和特科成为察举制实践的具体途径。图为内蒙古和林格尔汉墓壁画举孝廉图。

城南张儒生弟子、车骑画像。此图为浅浮雕。画面中一横栏分隔三层：上层，一列冠服人物，双手捧简册而左向行，有轺车三辆，骑吏四、五百人，第三辆车施耳，一人跪迎车骑队伍。

汉；辟署是主要长官任用属吏的制度，汉代规定，二千石以上的长官可以自辟掾属，直接为百石官吏，百石以上的官吏再报中央批准。征召是皇帝采取制征和聘召的方式，选拔有才能及有名望的人直接进入朝廷。荐举有私人荐举和官府荐举之分，带有一定保举性质，如果被荐举的人犯法，荐举的人要负连带责任。军功是按从军征战、功劳大小赏给爵位和官职的制度，汉代的李广、赵充国、傅介子等都是积功而为将帅的著名人物。汉代选士制度中的纳赀是指用资财和金钱而得官。任子则是指子弟依靠父兄的官秩和功劳被保任为官的方法，即靠世袭进入仕途。此外，汉代还有计吏、上书、博士弟子和国子、技艺等多种选拔官吏的途径。汉代选士制度鼎盛，确实选出了许多名将、贤相，也确实在历史上发挥了重大的作用，但选士制度流弊也很多。有些人选举不实，终被免官。汉代选士制度以财富为主要条件，他们凭借自己拥有大量财富，取得入选资格，那么则有一批寒士，虽然学问深厚，也无条件入选。

选士制度对中国历代教育都有一定影响，隋以后各王朝设科考试，分科取士，从此中国选士制度进入另一阶段——科举制度阶段。

周亚夫屯军细柳

汉文帝后六年（前158）冬，匈奴大举侵掠汉朝边郡，文帝任命河内太守周亚夫为将军率军在细柳扎营。

周亚夫（？～前143），沛县（今属江苏）人。汉初太尉周勃之子。开始时被封为条侯，后升任河内太守。汉文帝后六年（前158）匈奴军臣单于各以3万骑兵大举袭扰汉朝北部上郡、云中两郡，烧杀抢掠，战火蔓延至甘泉、长安。为拱卫京都安全，汉文帝于是任命河内太守周亚夫为将军，在细柳（今陕西咸阳西南）驻军；以中大夫令免为车骑将军，驻军飞狐；苏意为将军，驻军句注；将军张武驻守北地；宗正刘礼为将军，驻军霸上；徐厉为将军，驻守棘门。以防备匈奴骑兵的袭击。

周亚夫驻军细柳，军纪严整。当时，文帝为鼓舞士气，亲自劳军。至霸上和棘门军营，皇帝车辇迳自驶入营垒，将军以下骑马迎送。当文帝到细柳劳军时，军官和士兵披甲胄，手持兵刃，引弓待发。文帝的先头人员到达却不能入内，先头人员说皇帝马上就要到达，军门都尉答说，将军有令，军中只听从将军命令，不能听命于天子之诏。等到文帝车辇到达，也不得进入营门。于是文帝派人持节诏令将军，说我想入营劳军，周亚夫才命令军吏打开壁门，皇帝车辇才得以进入营门且减速慢行。

亚夫以军礼拜见文帝，文帝也完成了劳军之行返回。一出军门，随行群臣都感到惊讶。文帝说，这才是真将军啊，刚才霸上、棘门驻军就像儿戏，刘礼和徐厉这样的将军，敌人可以袭击俘虏，至于周亚夫，敌人还敢侵犯吗？！此后不久，匈奴退兵，文帝于是任命周亚夫为中尉。

汉文帝去世

　　汉文帝后七年（前157）六月，文帝去世。文帝在位23年，终年46岁。遗诏丧事从简，让天下官员百姓悼念3日即释服，不禁婚嫁、祠祀及饮酒食肉，葬于霸陵（今西安西北）。太子启即位，是为景帝。

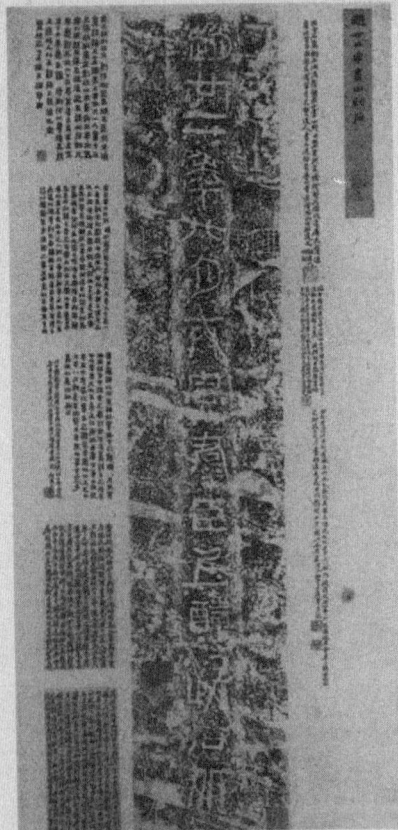

刘恒去世前1年群臣上寿刻石。汉初篆体。

　　西汉初年，为稳定政治与社会，发展农业生产，汉高祖、惠帝及吕后都采取休养生息政策。文帝即位后，更倡导以农为本。在位期间，进一步推行轻徭薄赋、约法省禁政策。先是减轻田租，由十五税一改为三十税一，甚至曾免收田租12年。又减算赋，将过去百姓年15至56岁，每人每年须交120钱之规定，减为交40钱，徭役也有所减轻，将原来1年一更改为3年一更。文帝还一再下令列侯回自己的封国，以减免戍卒保障供给运输的辛劳。同时，减轻刑罚，废除收孥连坐法和肉刑法。此外对于汉朝边远地区少数民族采取和睦相处政策，与匈奴和亲，柔抚南越。诏举贤良方正，能直言极谏人士，任人唯贤。提倡节俭，在位23年，宫室、园囿、车骑、服御没有什么增加，身穿粗厚的衣物。所宠幸的慎夫人，也衣不拖地，帷帐也没有用文绣装饰，以示敦朴，是为天下先。修造霸陵时，不用金、银、铜、锡来粉饰，而采用瓦器，顺其山形修造而不起坟。史称文帝时"非遇水旱之灾，则家给人足。都鄙廪庾皆满，而府库余货财。京师之钱累巨万，贯朽而不可校。太仓之粟陈陈相因，充溢露积于外，至腐败不可食。众庶街巷有马，阡陌之间成群"。其推行的休养生息政策，恢复和发展了汉初的社会经济，因而旧史将文帝与景帝时期并称为"文景之治"。

汉文帝像

汉景帝即位

汉文帝后七年（前157）六月，汉文帝去世，刘启即皇帝位，是为景帝，尊皇太后薄氏为太皇太后，皇后窦氏为皇太后。

景帝时继续实行"休养生息"政策，一方面元年（前156）五月诏令进一步减轻农民负担，重新收取田租之半，三十而税一，自此成为汉朝定制，从而使农业生产得到恢复和发展，人口逐渐增多。另一方面，景帝时又继续推行减除严刑苛法的措施。元年五月诏令减笞法，规定笞500的减为300，笞300的减为200。中六年（前144），又下诏减笞300为200，笞200为100，并规定了笞箠的标准等。自此开始，

汉景帝刘启像

四神青龙纹瓦当。古代大型建筑在构件上设计驱邪的形象，称之"厌胜"。最典型的是使用四神形象。四神也叫四方神，即四种神化了的动物青龙、白虎、朱雀、玄武。

受笞者能够得以保全肢体，缓和了社会矛盾和阶级矛盾。此外，景帝为加强对臣属的约束，元年七月，认为当时法律条文中关于官吏接受下属贿赂的处罚轻重不当，下诏命令廷尉和丞相重新讨论官吏贪赃的律令，在一定程度上使官吏贪赃枉法行为有所收敛。并且，景帝时还进行"削藩"，平定吴楚七国之乱，把诸侯王任免官吏的权力收归中央，巩固了中央集权。而对于北部边郡的匈奴，继续采取和亲政策，历史学家将景帝统治时期与文帝时期并举，誉称为"文景之治"。

晁错被杀·七国叛乱

汉景帝三年（前154）正月，吴、楚等7诸侯国叛乱，"智囊"晁错被杀。

汉初，高祖刘邦因兄弟少，诸子年纪小，又不相信异姓王等原因，大封同姓为王，并与群臣盟约"非刘氏而王者，天下共击之"。经过几朝的演变，到景帝时齐、楚、吴三封国几占天下之半。且吴国拥有江苏53县，盛产铜、盐，吴王刘濞"即山铸钱，煮海水为盐"，使吴王钱币满天下，"富埒天子"，且军力强大。吴王骄横，早就畜谋叛乱。文帝时，晁错曾数次上书请求削减吴王封土。景帝即位，吴王更加骄横，晁错又上《削藩书》，明确指出现在的形势是削藩诸侯王会反叛，不削藩他们也同样反叛。如果削藩，他们会马上反叛，麻烦小些，如果不削藩，他们的反叛会迟延，麻烦反而大些。景帝采用晁错之策，将楚王东海郡、赵王常山郡、胶西王六县削去。前三年（前154）正月，又将吴王会稽等郡削去，激起诸王强烈反对。吴王刘濞与胶西王刘卬约定反汉，一旦事成，吴王与胶西王分天下而治，此后吴王即联合楚、赵、胶西、胶东、菑川、济南等6国，以"诛晁错、清君侧"为名，发动武装叛乱，史称"七国之乱"。吴王还同时谋杀了吴国境内汉中央所设置的二千石以下官吏。吴王亲率吴楚联军20余万人西征。胶西、胶东、济南、菑川4国合兵围攻忠于汉廷的齐国。赵国则暗中勾结匈奴，起兵反叛。面对声势汹汹的7国叛军，景帝轻信了晁错的政敌袁盎之言，以为除掉晁错，退还削地，就可使7国罢兵，于是将晁错在长安东市斩杀，并派袁盎去谈判求和。但景帝这一举措并没有能平息7国的叛乱，吴王刘濞自称东帝，不肯罢兵，7国之乱反而愈闹愈大。

晁错像

周亚夫平定七国之乱

汉景帝前三年（前154）正月，吴、楚等7国起兵反叛，三月，太尉周亚夫率军平定。

景帝误杀晁错于长安东市后，悔恨之余，决定以武力平叛，于是派遣太尉周亚夫统领36将军率兵征讨，迎击吴楚联军，并派郦寄击赵、栾布击齐地诸国。

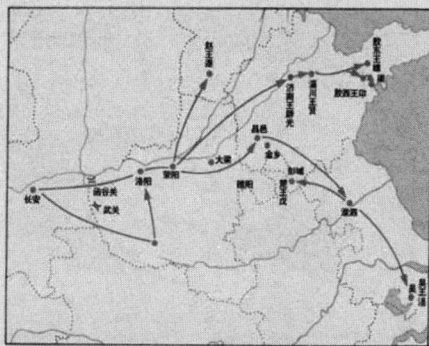

其时，吴王亲率吴楚联军20余

七国之乱图

西汉兵士立俑。俑为兼任弓弩手之持械武士。

万将粮仓设在淮南的东阳，而以主力渡过淮水，向西进攻。同时，胶西、胶东、济南、菑川等4国合兵围攻忠于汉中央政权的齐国。赵国也在暗中勾结匈奴。二月，周亚夫采纳赵涉建议，从武关出兵抵洛阳。当时吴楚联军正猛烈进攻梁（今河南开封），亚夫不救，并率兵向东北走昌邑（今山东定陶东），以坚壁固守的战术，避免与叛军作正面接战，并派精锐骑兵突入敌后，夺取泗水入淮口，截断叛军的后勤补给道路，使其陷入困境。加上吴楚联军多为步兵，习惯在有险阻之地战斗，汉军多是车骑，擅长于平地作战。而战事在淮北平原上进行，

伍伯画像砖。为浮雕官吏出行队伍的前驱伍伯六人，跨步飞奔，表现出行行列威武气氛。

西汉鎏金带龠鸳鸯戈。钩击兵器。援弧形上扬，下刃前端较宽，援脊略突，刃锋利。长胡三穿，直内。内上近阑处贯穿一鎏金短筒形龠，龠上端饰一只蹲伏回首之鸳鸯，用以冒柲。戈身除援的刃部，内的周边外，遍饰黑色蛇皮斑纹，并具鎏金长筒形镎，中腰饰凸弦纹一周，镎中遗有积竹柲残段。

对吴楚军显然不利。吴楚联军连战无功，士气低落，供应短缺，又无法越过梁国坚守的睢阳（今河南商丘南）。吴楚联军于是北进至下邑以求和亚夫军一战，结果一败涂地，士卒饿死、投降、失散很多，只得退走。亚夫立刻挥兵猛追。三月，吴王刘濞残部数千人退守丹徒（今江苏镇江），被东越人所杀。楚王刘戊也兵败自杀。其他诸王为栾布和郦寄所逼，有的被杀有的自杀。历经3个月的七国之乱遂被平定。

七国之乱的平定，巩固了削藩政策的结果，在很大程度上解决了汉高祖分封同姓王所引起的矛盾，并为日后汉武帝以推恩令进一步解决诸侯王国问题创造了必要的条件。

徐州出土西汉楚王墓兵马俑

汉景帝诏谳疑狱

汉景帝中五年（前145）九月，景帝诏令对案件审判不服者，可以要求重新审判。

刘邦建立汉朝后，引以为诫，全数废除秦严刑苛法，约法三章，并于高祖七年（前200）诏令御史：案件的审理有疑难的，地方官有的不敢决断，对有罪的人长时间不能定罪，将无罪的人拘留关压起来而不释放等，其实是案件审判人员的失职。今后，有疑难的案件审理，要上报给所属二千石官，二千石以其罪名上报。二千石官不能断定判决的案件须移交廷尉，廷尉也应

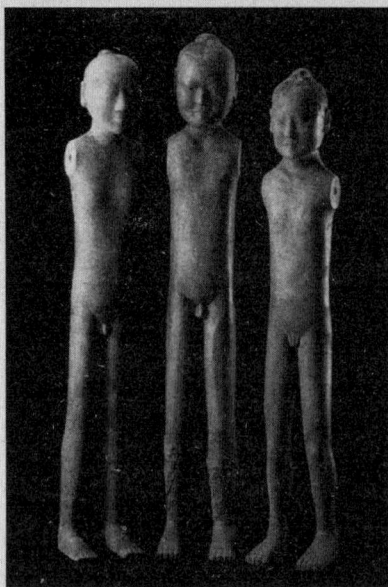

汉景帝墓出土的彩绘陶俑

西汉羽人驸马玉雕。这件玉雕精品，是西汉案头陈设性雕塑的优秀典范之一。反映了当时祈求、幻想升仙的思想风尚。

汉景帝墓彩绘陶俑出土情景

上报。廷尉不能审理判决的案件要具奏皇帝裁决。景帝中五年（前145）九月，景帝以为制定法令的目的在于禁暴止邪，案件的审理关系百姓生死，死者又不能复生。有的官吏不遵守法令，收受贿赂，狼狈为奸，严刑逼供，使无罪者失去自由，值得同情，而有罪的人又不能认罪服法，理所不该。因而诏令，凡有对案件的审理裁判不服的，可以要求重新审判。景帝后元年（前143）正月，又下诏重申审判有疑惑的案件。诏令将有疑惑的案件送有司审判。有司所不能裁决的重大案件，则可向上呈报廷尉处理。有要求重新审理而后又觉得不妥当的，也不追究申请审判的人的过失。诏令要求案件审判人员必须首先宽以待人。

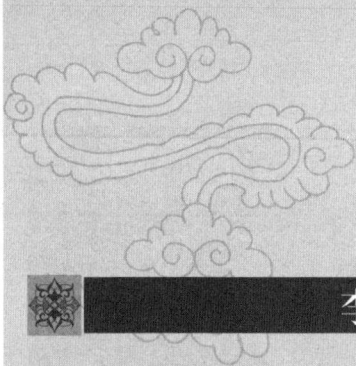

李广智退匈奴

汉景帝中六年（前144）六月，李广巧计击退匈奴。

自汉高祖在白登被围困后，汉代历朝皇帝对匈奴都采取和亲政策，至景帝时，匈奴虽时常进犯汉朝北部郡县，但也无碍大局。景帝中六年（前144）匈奴骑兵入侵上郡（今陕西榆林东南）、雁门（今山西原平北），掠取汉皇室狩猎场的马匹，汉士卒2000余人战死。当时李广是上郡太守，曾与百余骑兵外出巡视，路遇匈奴数千骑兵。李广随从都害怕，想逃走，为李广阻止。李广认为大军离此数十里，如果以百骑逃走，匈奴骑兵勒马追赶，马上就会被斩杀；如果原地不动，匈奴兵会以为是大军的诱饵，必定不敢攻击。于是，李广命令部下前进至距匈奴阵2里左右，下马解鞍，以示不走。匈奴军中有一名白马将监军，李广率10余骑将其射杀于阵前，后回到军中更解鞍纵马，卧地休息。时近黄昏，匈奴骑兵迷惑不解，不敢攻击，以为汉军在附近有伏兵，入夜，匈奴军担心遭受汉大军袭击，于是向北撤退。天亮后，李广率军平安返回大营。

汉景帝死·汉武帝立

汉景帝后三年（前141）正月，景帝死，皇太子刘彻继位，是为孝武皇帝。

景帝在位期间继续执行"与民休息"发展生产的政策，封建经济走向繁荣，史书中有"国家无事"、"海内殷富，兴于礼义"的记载，与文帝统治时期并称"文景之治"，为武帝时期国家的昌盛准备了物质条件。

汉武帝统治时期是中国历史上的一次转变。他在位54年，为以汉族为主体的统一的多民族的封建国家的巩固和发展作出了重要贡献。在政治上，武帝颁行推恩令，制订左官律、附益法，实行"酎金夺爵"，基本上结束了汉初以来诸侯王强大难治的局面；并实行一系列打击地方豪强的措施；创立刺史制度，加强对地方的监督和控制；削弱丞相权力，任用酷吏、严格刑法，建立察举制度，设立太学，加强中央集权的统治力量。在经济上，将冶铁、煮盐、铸钱收归官营；设立均输、平准官，运输和贸易由国家垄断，平衡物价；实行算缗告缗，打击富商大贾；治理

汉武帝像。汉武帝刘彻，前140～前87年在位。他当政期间，中国历史出现历时约50年的一个盛世。

黄河、广开灌溉，大力兴修水利；实行代田法，改进农具，促进农业生产的发展。在思想上，采纳董仲舒建议，"罢黜百家，独尊儒术"，使加强君主集权、实现大一统的儒家思想成为封建统治思想。在民族关系上，多次派兵反击匈奴，解除了匈奴对北部边郡的威胁；两次派遣张骞出使西域，实现和发展了与西域地区的经济文化交流；又遣使至夜郎、邛、笮等地宣慰，加强对西南地区的控制和开发；还统一了南越地区，设立南海、苍梧等9郡。武帝时期，西汉成为亚洲最富强繁荣的多民族国家，也是中国历代封建王朝中强盛的时代之一。

董仲舒献天人三策

汉武帝建元元年（前140）十月，汉武帝诏令各地推荐贤良方正直言极谏之人，董仲舒三次上书，献"天人三策"。武帝欣赏仲舒所献对策，任命他为江都相。

董仲舒（前197～前104），西汉思想家。广川（今河北枣强东北）人。青年时期研读《春秋公羊传》，景帝时为博士，"下帷讲诵"，"三年不窥园"，一心钻研孔子学说。曾作《闻举》、《玉杯》、《蕃露》、《清明》、《竹林》等数十篇文章论说《春秋》得失，后合编为《春秋繁露》。他的著作以阐发《春秋》大义为名，并杂凑阴阳五行学说，加以引申改造，建立了一个宗教唯心主义思想体系。其内容进一步发挥天人感应学说，对自然和人事作各种牵强比附，把一切自然现象都说成是上天有目的的活动，强调人的行为必须符合天意，强调汉王朝的兴起正是天意的体现，以论证君权神授。并提出历史循环论的"三统"、"三正"说，把人性分为上、中、下三品的"性三品说"和维护封建统治秩序的"三纲"、"五常"说，为加强封建统治提供理论依据。

建元元年（前140）十月，武帝诏令各地推举贤良方正直言极谏之人，并以古今治国之道及天人关系问题亲自策问贤良。董仲舒以贤良名义上书对策三篇，献"天人三策"。在对策中，董仲舒请罢黜刑名，崇尚儒术，明确教化，广兴太学，让郡国尽心于求贤。根据《公羊春秋》立说，董仲舒在第三策中对道："《春秋》大一统者，天地之常经，古今之通谊也。"其所谓"大一统"，即损抑诸侯，一统于天子，并使天下都来向天子称臣。另外，并提出以儒家学说作为封建国家统治思想，认为凡是不在研习六艺（六经）之科、孔子之术的，都要断他们晋升的道路，不要让他们与儒学之士齐头并进。此即所谓"罢黜百家，独尊儒术"。由于他的言论适应了巩固专制皇权的需要，也有利于维护统一的封建帝国的统治秩序，因而受到武帝赏识。

窦太后贬抑儒臣

建安二年（前139），窦太后指使汉武帝推崇黄老之言，贬抑儒臣；一些朝廷要员因信奉儒术相继被免职、下狱，甚至被诛杀。

窦氏即汉文帝皇后，武帝即位后遂为太皇太后。窦后好黄老之言。武帝即位后想隆推儒术，皆因窦后反对而作罢。朝臣赵绾和王臧因此上奏，请武帝亲自治理天下，勿让妇女干预朝政。窦后闻知此事，极为生气，认为他们不学无术，藐视孝道，挑拨离间，要求武帝惩罚他们。武帝无可奈何，遂革去赵绾御史大夫职、王臧郎中令职，并打入监狱。窦后还不罢休，要求武帝判他们死刑。于是赵、王均在狱中含冤自杀。同时，崇儒的丞相窦婴、太尉田蚡也被免职。申公等人则称病辞官归乡。

淮南王刘安献书

建元二年（前139），淮南王刘安投武帝所好，来到长安朝见武帝，献武帝所好之赋颂，并谈论文学与方术。

刘安为汉代赋家，作赋28篇，多属歌颂性赋文。刘安平素好书、鼓琴，也行些善事以笼络民心，沽名钓誉。他挥霍祖上遗产，供养着数千宾客、术士，高谈阔论，一时颇有名声，并作《内书》21篇，《外书》无数。汉武帝因有文艺之好，又慕刘安乃淮南历王刘长之子，故和刘安屡有书信往来，并请司马相如指导和修改文字。双方交谊甚睦。前139年，刘安应召来朝，献其所作《内篇》，并专作《颂德》、《长安都国颂》，恭维武帝。每次饮宴作乐时，亦总是雅兴大发，尽情谈说得失及方技赋颂。

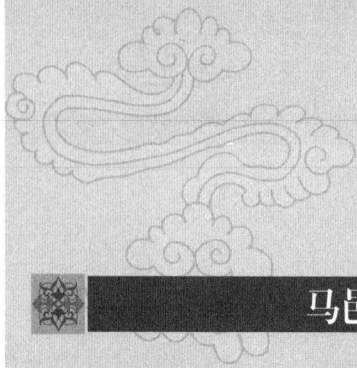

马邑之谋功败垂成

　　元光二年（前133）六月，武帝采纳了大臣王恢的建议，拟兴兵打击匈奴。先派遣马邑（今山西朔县）人聂壹做间谍逃入匈奴，诱使匈奴入塞。武帝又命韩安国为护军将军，与李广、公孙贺、王恢、李息等人，率领车骑、材官30余万，埋伏在马邑附近的山谷之中，俟机出击。但单于领骑兵10万人行至距离马邑约百余里时，因见漫山遍野的牲畜自在食草而无人放牧，甚觉奇怪，又抓人审问，从而识破汉军计谋，遂引兵北还。结果汉兵追杀不及，全部无功而返。王恢畏罪自杀。从此，匈奴拒绝与汉和亲，汉匈争夺依旧使北方边疆不得安宁。

张骞初使西域

张骞出使西域。初唐画的《张骞出使西域辞别汉武帝图》敦煌壁画（莫高窟第323窟），表现的是汉武帝带领群臣到长安郊外为出使西域的张骞送行。持笏跪地辞行的是张骞。

　　建元二年(前139)，张骞应武帝刘彻召募而出使大月氏，欲动员大月氏东迁敦煌、祁连之间，和汉朝联合共同抵御匈奴侵扰。张骞，汉中成固（今陕西成固）人。西域为当时中原人所不知道之世界，而张骞毅然应募。

　　张骞出使中亚的直接目的是寻找被匈奴人所驱

逐而西徙的大月氏。不幸他经南山北麓时，为匈奴所俘，囚禁10年，并被迫娶妻生子。但他毫不恢心，复经大宛、康居，终于到达大月氏。虽然大月氏不愿再回故乡复仇，但张骞西使13年，对于他所经过的塔里木盆地诸国，以及中亚诸国如大宛、康居、大月氏、大夏，乃至安息、条支、身毒等国，都有详细而确实的报告。张骞之坚忍不屈、忠于祖国，亦可以概见。

张骞使西，是中国第一次知道中原以外，还有广大的西方开化的世界，并从而开辟中国历史上政治和经济的新时代。

汉置五经博士

建元五年(前136)，董仲舒进言武帝，要求罢黜百家，独尊儒术，于是开始兴太学，置五经博士，开始以家法教授。此后，历代统治者都把"五经"作为教育中心，作为选拔人才考试的内容。

文景帝时，儒家已渐渐受到重视，汉武帝出于加强政治思想统一、打击诸侯王分裂割据的需要，赋予儒学以特殊的地位。

五经博士即：《尚书》(欧阳生)、《易经》(田何)、《礼》(后苍)、《诗经》(鲁侍申公培、齐侍袁固生)、《春秋》(董仲舒、胡毋生)。五经博士所授均为今文经，其中最重要的是《公羊传》；到元帝时则盛行《诗经》。平帝时，又设置5位古文经博士，在思想上与今文博士对抗，从此，掀开了长达2000年的今古文经之争。

元朔五年(前124)，经丞相公孙弘再次奏请，为五经博士置弟子员。从此，"以经术饰吏事"，儒经便与仕途结合起来，国家设太学养士，以经术取士，士人亦"以经术进"自勉。经学的昌盛，推动了学

《伏生授经图》。崔子忠绘。伏生又称伏胜，西汉今文《尚书》的传播者，曾任秦博士。汉文帝时曾派晁错向伏生学尚书，西汉《尚书》经学者多出其门。

校教育的发展。太学中以儒家五经为教学内容。地方上官学也以研习儒经为主要教学内容。除中原地区之外，当时的边陲也创办了学校。创办地方学校的目的，都在于通过儒家经学来宣传孝悌仁义等封建道德，以改造民间风俗。

汉武帝独尊儒术

建元五年 (前 136)，汉武帝刘彻采纳了董仲舒的建议，独尊儒术。

董仲舒建议变儒家哲学为封建最高政治原理，使之成为衡量文化思想的唯一尺度。他的建议为汉武帝所采纳。从此，儒术从私家学者的书斋走进了太学，太学设五经博士，儒学由一般学说而被尊为经，即：《诗》、《书》、《易》、《礼》、《春秋》五种。在太学里，不同师承的儒家学派，都设一讲座，名曰学官。

儒家学说自从得到政府倡导以后，获得广泛的传播，两汉 400 余年，经学火师接踵辈出，疏证训诂，极一时之盛，如：董仲舒、公孙弘、孔安国、刘向、刘歆、许慎、郑玄等。同时，生动的实践的儒学也逐渐变成繁琐死板的经学。一些学子为了官禄，只得寻章摘句，以备射策之用，还有很多皓首穷经者。

汉武帝诛杀灌夫

元光四年 (前 132)，灌夫以酒席中怒骂丞相田蚡，被武帝置以不敬之罪，以死刑论处。灌夫为汉代名将，历任代相、太守、太仆、燕相等职，为人刚正不阿，见义勇为。他常借故凌辱专横跋扈的贵戚势力，而为生活贫困、地位卑沦之士，极为敬重。时朝中田蚡、窦婴交恶已久，田蚡任丞相后，天下士郡诸侯纷纷趋炎附势，归附田蚡。田蚡得势益加骄横。独有灌夫与窦婴更加友善。有一次，田蚡约灌夫看望窦婴，旋即违约，灌夫竟强行把田蚡挟持到窦婴处，并责其言出无信。在一次酒宴上，田蚡对窦婴不恭敬。灌夫即于行酒间借机大骂蚡，惊动满场宾客。而灌夫亦因侮辱朝臣被处以死刑。不久，窦婴亦被弃市渭城，然而田蚡也随之暴病身死。

窦婴、田蚡党争，灌夫以刚直而亡，从一个侧面反映了汉朝吏治的危机。

汉通西南夷

汉建元六年 (前 135)，汉使打通中原和西南夷的通路，西南夷与中原的交通往来日益密切。

虎牛祭盘。云南少数民族随葬祭器。造型奇特，为中国青铜文化中的艺术精品。

西南夷是指居住在今四川成都西北、西南、云南、贵州两省及广西西部广大地区的少数民族总称，主要有夜郎、滇、邛都、昆明、徙、白马等族。西南夷与蜀郡早有商贾往来，经营筰马、牦牛、金银、铜、象牙和绢铁盐竹等。武帝时，唐蒙、司马相如始开西南夷，凿出通道千余里，以通巴蜀。唐蒙领带1000士兵和1万多运输货物的队伍，从巴、蜀筰关进入夜郎（令贵州四部）。夜郎侯及其他部族首领接受了丰厚礼物，相约归附了汉朝。为加强管理，汉朝设置了犍为郡。唐蒙又征调数万民工和士兵修筑了一条直通牂牁江的大道，便利商民往来。不久，邛、筰一带（今四川西昌东南）居民均归附汉朝，由汉朝都尉治理。从此，西南归中央政权管辖。

七牛铜贮贝器。滇族统治者贮存贝币的用具。

李少君见武帝·方士开始兴盛

元光二年（前133），李少君见幸于武帝，力劝武帝推隆方士之术，以求长生不老之药。李少君为汉代著名方士，曾为涤泽侯舍人，自称精于方术，遍游各地，到处宣传他能役使鬼神和长生不死。一时间将信将疑者甚众，武安侯田蚡也乐于和他交往。前133年，李少君以祠灶却老方为武帝见幸被召。他欺骗武帝，言方士有许多神奇的本能，如：说自己曾游海到蓬莱，见到安期生等仙人，能够化丹砂为黄金，并有长生不老之术。武帝见其言词真切，竟然见信。后来李少君病死，武帝还以为他羽化而去。

自此以后，皇帝求长生不老术心更切，各地方士趁机纷纷提倡鬼神之事，争取得到皇室宠信。

汉武帝重编京师诸军·改革中央军队

建元二年（前139）开始，经过几十年的时间，汉武帝改革了中央军队。

在中国军事文明发展史中，秦汉军事文明处于一个继往开来的转折时期，不仅高度重视封建国家的国防与国防战略，初步形成了冷兵器时代的基本战争形态，而且形成了与中央集权制度相适应的一整套军事制度，使中华军事文明经历了先秦发展时期后，进入了成熟期。

汉朝沿袭秦朝以皇帝为中心的军队统御制度，军权高度集中，军队体制表现为内外力量分布均衡的特色。

汉朝时期的军队主要由中央统辖的军队、郡县王国的地方军队和边防部

汉铜兵马阵。"兵马"代表军队。

队组成。其中中央统辖的军队包括京师诸军和战略要地的屯兵，而真正由中央统辖的军队为京师诸军。京师诸军在西汉中期以前根据任务不同而分为三部分：皇帝近身侍卫部队由郎官组成，负责宫中殿内警卫，由郎中令统领；皇帝禁卫部队由卫士组成，负责保卫未央、长乐两宫，归卫尉指挥，因其居住在京城南边，也称南军；京师警卫部队担任除宫城以外整个京师地区的警卫任务，由中尉统御，因其多驻扎在京城北边，又称北军。南北军训练有素，强化了京师治安，又因隶属系统各异，避免了其合兵反叛，南北军制度是秦汉军制的一大特点。

汉武帝为了确保京师地区的政局稳定，在南北军制度的基础上，重新整编了京师诸军。

首先，缩小南军编制，扩大近身侍卫部队。设立期门军和建章营骑（后称羽林骑），分别归期门仆射和羽林令丞统领，还把阵亡军吏的后代吸收到羽林骑中，严格训练，传授技艺，称为羽林孤儿。期门、羽林两支部队的人员都是经过严格选拔、技艺高超的职业军官，为此，皇帝近身侍卫力量得到增强。当郎、期门郎或羽林郎被确认为效忠皇帝和可以委以重任的人材后，即被任命为将率军作战，而汉武帝又可以通过他们来加强对军队的统治。

其次，调整京师警备力量，削弱中尉过重的权力。解除中尉兼管三辅地区地方军事的权力，向北军派遣了监北军使者，控制北军调发权，还将中垒校尉官秩增至二千石，与中尉平等。

最后，设置七校尉军，加强京师驻军力量。七校尉军的人员勇敢精锐，常驻京师，战时则奉命出征，比由正卒组成的北军更富有战斗力，是一支职业军队。它由屯骑校尉、步兵校尉、越骑校尉、长水校尉、胡骑校尉、虎贲校尉、射声校尉组成，加上中垒校尉，合称八校尉，位比九卿，直接向皇帝负责。

汉武帝经过重编京师诸军，使之形成了由职业军士组成的七校尉军与由正卒组成的南北军并存的新局面，两种军队是皇帝赖以制止叛乱、应付突发事变的快速反应力量，同时，由于兵员来源不同，使两支军队相互制肘，避免威胁皇帝统治。它们共同组成威慑地方的中央军队，进一步加强了中央集权的统治。

汉武帝改革官制加强中央集权制度

以雄才大略著称于世的汉武帝即位以后，由于不满于丞相专权，致力于官制的改革，逐步建立起以皇帝制度为核心，以中央丞相制度、地方郡县制度为基础的中央集权制度。

汉武帝首先推广察举制度，以贤良、文学等名义广泛招揽人才，原统属于郎中令的诸大夫和许多文学名士先后被征召，成为皇帝的高级幕僚，赋以重权，史称"天子宾客"。这些文学之士的作用主要就是与闻朝政，诘难大臣，

杨家湾汉兵马俑

以侵夺相权为己任。"天子宾客"的出现是汉武帝建立中朝的开始，朝廷自此始分为内外，丞相由全体百官之长降至只为外朝长官而不得过问宫中事务。

随后，汉武帝又利用和发展了秦代和汉初以来的加官制度，使原统属于郎中令等卿的诸大夫和诸郎等官基本上摆脱正常的公卿行政系统，直接由皇帝控制并使之参与政治决策，从而使中朝制度化。侍中、中常侍、给事中、诸曹、诸吏等都属加官，得以出入宫禁，披阅章奏，顾问应对，参与国家机密。还可以举法弹劾，对外朝百官行使监察职权。其中侍中、中常侍、给事中等官开始时基本上由士人担任，后来逐渐为宦官占据，成为宦官专权的重要工具。

中朝官吏还包括大将军、骠骑将军、前后左右将军等武官，以及太中大夫、光禄大夫、尚书文官。其中尤以大将军和尚书最为重要。

将军的称谓在先秦时期已经很普遍。汉武帝时正式设置了大将军、骠骑将军等官职，颁有印绶和秩俸。以后又在大将军、骠骑将军官名前加官名。大将军、骠骑将军的地位与丞相相当，其他将军如车骑将军、卫将军、前后左右将军的地位则与上卿相当。

尚书在先秦时期原为主管文书的小官。汉武帝时期出于加强皇权、抑制相权的需要，更多地利用尚书机构办理政务，尚书机构日益重要。汉武帝还开始任用宦官担任尚书，称为中书。在此以前，皇帝下章通常要经过丞相、御史。从此时开始，吏民一切章奏都可以不经过政府，而通过尚书直达皇帝，丞相九卿也必须通过尚书入奏，皇帝的旨意也由尚书下达丞相。按照当时的规定，所有上书都写成正副两本，尚书有权先开启副本，所言不善的可以摒去不再上奏。以前归丞相、御史二府掌管的选举、任用、考课官吏之权也转归尚书。尚书还掌握刑狱诛赏的大权，可以质问大臣，并可因大臣所言不善加以弹劾。

汉武帝还继承了秦以来的九卿制度，设立官员掌管宫室、刑狱、盐铁、外交等事务，逐步建立起一套行之有效、相当严整的统治秩序。

汉武帝兴修水利

元光六年（前 129 ），漕渠、龙首渠开凿，大大促进了水利运输和农业生产的发展。

前 129 年春，大司农郑当时奏请武帝在秦岭北麓开凿人工运河——漕渠，从长安引渭水向东贯通黄河。武帝乃命水工徐伯督办此事，数万民工艰苦奋战 3 年，终于开凿成功。漕渠不但能够灌溉沿渠两岸万余顷农田，保证当地衣食有余，还降低了该地运费成本，因为它大大缩短了从潼关到长安的水路运输的路程和时间。

龙首渠是汉武帝采纳严熊的建议，征发万余民工修凿而成的。龙首渠工程浩大，费时十余年始告结束。它从征（今陕西澄城）引洛水灌溉临晋（今陕西大荔）一带民田。该渠经过商颜山，因山土质疏松，渠岸易于崩塌，于是技术人员创造发明了井渠法，即"井下相通行水"，使龙首渠从地下穿过七里宽的商颜山。龙首渠灌溉重家以东田万余顷，使产量大为增长，平均每亩约增 10 石。

漕渠是汉代一项重要的水利工程；龙首渠则是我国历史上第一条地下水渠。除大规模的穿渠引水外，西汉时还采取掘堰储水、凿井出水、筑堤节水等措施。

汉武帝纳主父偃建议颁行推恩令以限制诸侯王

元朔二年（前 127）正月，刘彻（武帝）纳中大夫主父偃建议，颁行"推恩令"。

河北满城中山靖王后墓中厅

此令是把诸侯王除以嫡长子继承王位外，其余诸子在原封国内封侯，新封侯国不再受王国管辖，直接由各地的郡来管理。于是"藩国始分，而子弟毕侯"。导致"大国不过十余城，小侯不过数十里"。

为限制诸侯王国网罗人才，结党私营，刘彻又颁布"左官定律"、"附盖之法"，凡仕于诸侯者，绝不得再仕于王朝，严禁封国官吏与诸侯王结党营私，相互串通。至使诸侯王失去了因分封而存在的独立性。

此外，刘彻以诸侯王向汉王朝交纳献费或祭祀宗庙的酬金成色不好、斤两不足为藉口，对诸侯王实行"夺取"、"除国"。元鼎五年（前112）举行宗庙大祭，1次即剥夺诸侯爵位106人，废其封国，改设郡县。汉初因功封侯者140余人，至刘彻太初年间只剩下5人，他们"惟得衣食租税，不与政事"，汉代的分封制名存实亡。

飞将军李广威震匈奴

　　李广，陇西成纪（今甘肃秦安）人，秦国名将李信之后，世世传习射箭。文帝时，以"良家子"从军抵抗匈奴，杀敌虏获甚多，表现出非凡的军事才能，被选为郎官。景帝时，随周亚夫平定吴楚之乱又大显身手。此后，他历任沿边诸郡如：上谷、陇西、北地、雁门、代郡、云中等郡太守，以抗击匈奴闻名于世。

　　元光六年（前129），他参加了抗匈大战。匈奴经过这次打击，势已疲敝，

洛惠渠龙首坝。洛惠渠是在汉代龙首渠的基础上兴建的。

西汉鎏金双驼饰牌。匈奴贵族服饰品。

被迫远遁。武帝因其战功，拜李广为右北平太守。任职其间，因尽于职守，善长骑射，作战骁勇，因而被称为"汉之飞将军"。匈奴对他十分敬畏，数年不敢入界侵犯右北平。李广还参加前121年河西之役与漠北之战，为安定北疆鞠躬尽瘁。

汉武帝设博士弟子员

元朔五年（前124），武帝为五经博士设置弟子员，进一步隆推儒家学术。

武帝兴太学，设五经博士后，又采纳董仲舒建议，为博士官设弟子员50人，由政府提供禄米，供养这些儒士以解释、传播儒学为业，此为博士弟子制度建立之始。

博士弟子亦称太学生、诸生，是汉代太学博士教授的学生。博士弟子免徭役、赋税。来源有两种：一由太常"择民间18岁以上，仪状端庄者"；二由地方官选送"好文学、敬长上、肃政教、顺乡里、出入不悖"者。博士弟子一年一课试，修业年限不定。考试合格者补官，成绩突出者可为郎中。不勤学，考试不及格者退学。

博士弟子人数日增，到成帝时，已达 3000 人，每年选甲科 40 人为郎中，乙科 20 人为太子舍人，因此，太学是汉代培养选拔官吏的重要机构之一。

四川省出土的汉代大学授业画像砖。学生手中皆有竹简缀成之教本。

卫青任大将军屡败匈奴

元朔五年（前 124），卫青抗击匈奴捷报频传，汉武帝拜他为大将军，勉励他继续为国出力，保卫北疆。

前 124 年，匈奴右贤王屡次侵扰朔方（今内蒙古杭锦旗北）。抗匈名将卫青奉武帝之命，率领 10 万余骑兵从高阙、朔方出发，直向北进，深入塞外六七百里，以迅雷不及掩耳之势包围了右贤王王廷。右贤王仓惶北逃，汉军大胜，俘匈奴小王十余人，士兵 15000 余人和数百万牲畜。武帝闻之，龙颜大悦，特命使者持大将军印到军中，拜卫青为大将军，令诸将皆受其节制。

卫青任大将军后，又于元朔六年四月再次统领六将军出击匈奴，激战于定襄。卫青英勇善战，再次击败匈奴，俘斩万余人。卫青成为抗击匈奴的重要军事将领。

汉政府卖爵

元朔六年（前 123），汉武帝下诏出售武功爵，以解决财政困难。

汉武帝连年征战，经营四方，财政状况极为拮据。为此，一方面开源节流，另一方面则公开出售武功爵位。武功爵每级售价 17 万钱，然后每加升一级爵位，另收钱 2 万。但买武功爵至"千夫"（爵名）者，得先除为吏。诏令下达后，社会上富庶阶级为了提高身份地位，一时购者如云。汉政府也因之收到 30 多万金的爵位钱。

出售武功爵在一定程度上缓解了汉政府的财政状况；但此举主要是对富贵者有利，使他们成为特权阶层。

张骞通西南夷

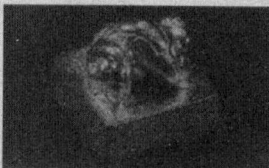

元狩元年（前 122），张骞奉武帝之命出使西南夷。此行意欲寻找通往印度之路，但结果使中原与西南的交通往来再次开通。

张骞曾二度出使西域，是汉朝著名的旅行家。汉初，在今滇、缅交界处有几十个民族，在云南中

滇王之印。西南和南方少数民族地区从汉代起即有州县建制，也有少数民族的"封王"和首领。图为云南石寨山出土的"滇王之印"。

部和西部亦各有几十个民族。在川、黔一带亦布满各个"蛮夷"之族。武帝自唐蒙首次入西南夷后，再次令张骞从蜀（今四川成都）、犍为（今四川宜宾）遣使者从各条道路出发，寻找身毒（印度）。这些使者探行一二千里，但仍未发现身毒。不过在探险中首次与滇国（今云南昆明南）打通了关系，滇王当羌知汉朝强大，表示愿归附汉朝。夜郎等国也再次和汉朝交通。因此，汉朝又一次与西南夷恢复了往来。

淮南、衡山王谋反失败

元狩元年（前122），淮南王刘安、衡山王刘赐谋反事泄，皆自杀而死。

刘安是高帝少子淮南厉王刘长之子；刘赐则是他的弟弟。兄弟俩素不和，但为了共同利益一起谋反。才思敏捷、善为文辞的思想家、文学家刘安，在政治上有自己的一套主张。因后来与武帝有隙，被削去二县封地。他大为怨愤，决意谋反，并为此做了各种准备。刘赐闻此，也拟举事，欲发兵占据江淮，还使人准备兵车、武器、私刻天子玺、将相军吏印。两兄弟的谋反计划均被发觉，夺权无望，只好自杀，此案牵连而死者达数千之众。他们所统治的封地也被取消。

董仲舒提出三纲五常

西汉唯心主义哲学家和政治家董仲舒在他的著作《春秋繁露》中提出三纲五常，这一道德规范，反映了当时加强君权、巩固封建中央集权的客观需要，在历史上起过一定的进步作用。

"三纲"指"君为臣纲，父为子纲，夫为妻纲"三条封建道德原则，要求为臣、为子、为妻必须绝对服从于君、父、夫，也要求为君、为父、为夫的为臣、子、

董仲舒著《春秋繁露》书影

妻作出表率。"五常"指仁、义、礼、智、信五个封建道德教条。"仁"即
爱人、孝悌、忠恕等。"义"指封建道德规范和标准。"礼"是各种封建礼仪、
制度和规范。"智"为判别是非之心。"信"系忠诚守信。这些都是用以调
整君臣、父子、兄弟、夫妻、朋友等人伦关系的行为准则。作为一种道德原
则、规范的内容,三纲最早渊源于先秦时期。董仲舒对孔子的"君君、臣臣、
父父、子子"和孟子的"父子有亲、君臣有义、夫妇有别"加以理论概括和
改造,而成"王道之三纲",提出"君臣、父子、夫妇之义皆取诸阴阳之道"
是不可改变的,永恒存在的。五常则是由董仲舒在孔孟宣扬的仁、义、礼、
智基础上,再加上"信"而成的,即"仁、谊(义)、礼、知(智)、信,
五常之道"。东汉儒家著作《白虎通义》对三纲五常也有阐述。从宋朱熹开始,
将三纲五常联用。三纲五常是历代封建统治者套在劳动人民身上的精神枷锁,
但作为一套完整的封建道德体系,它体现了封建社会的人伦关系和封建宗法
等级制度。

霍去病击匈奴·浑邪王降汉

元狩二年（前121），霍去病在河西之役重创匈奴军队。浑邪王兵败恐为单于所诛，乃率众投降汉朝。

元狩二年，为了争夺河西地区，骠骑将军霍去病奉命率领1万轻骑兵与匈奴作战。在战争中，他神出鬼没，足智多谋，白天转战5个王国，奔驰千余里，取得辉煌战果。共杀匈奴小王2人，俘斩8900余人，并获休屠王的祭天金人。同年夏天，他又深入匈奴腹地2000余里，斩首30000多级，俘获匈奴小王70多人。从此，汉朝控制了河西走廊一带，匈奴与羌人的联系被切断。

匈奴王单于听到此败信，大为震怒，欲将浑邪王斩首治罪。于是浑邪王决定投降汉朝。是年，霍去病护送浑邪王入长安晋见武帝，并带领降汉匈奴军数万人渡过黄河，凯旋而归。

霍去病墓前石雕石刻人与熊

霍去病墓前石雕石刻跃马

霍去病墓前石雕石刻伏虎

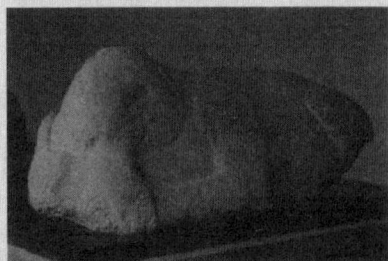

霍去病墓前石雕石刻卧象

霍去病墓前石雕。汉武帝刘彻时期，经数十年的休
养生息，国力大盛，已足以凭籍武力肃清边疆。汉
武帝曾数次派以卫青、霍去病等将领为首的大军深
入北方大漠与匈奴决战，皆大胜而归，巩固了北方
边陲的安定。图为陕西兴平县汉大将军霍去病前的
石雕——马踏匈奴，是为标榜霍氏的功绩而凿刻。

　　浑邪王降汉后，武帝立他为漯阴侯，封万户，并把前后降汉的匈奴人分别迁
徙安置于陇西（今甘肃临洮）、北地（今甘肃庆阳西北）、上郡（今陕西榆林
东南）、朔方（今内蒙古伊盟西北）、云中（今内蒙托克托）五郡，称为五属国，
允许他们保留自己的风俗习惯。

　　霍去病败匈奴，对河西地区经济恢复与发展也有一定作用。

瓠子连年决口汉武帝亲临治河

西汉自汉文帝十二年（前168）黄河在酸枣（今河南延津西南）决口起，在此后180年中先后决口达12次。汉武帝元光三年（前132），黄河在瓠子（今河南濮阳西南）决口，洪水经巨野泽南流，灌入淮泗，泛滥达16郡。汉武帝派汲黯、郑当时领10万人去防洪修堤，由于丞相田蚡从中作梗而徒劳无功。田蚡的封地在鄃（今山东高唐东北），刚好位于黄河北岸，他为了使自己的封地不受水灾，极力反对修复故道，因而黄河泛滥越来越严重。直到元封二年（前109）汉武帝才派汲仁、郭昌领卒数万堵塞决口，武帝亲临现场巡视工地，并命令随从官员自将军以下都负薪填决口。工程采用桩柴平堵法，需要

黄河大堤护堤的丁字坝

汉渠。汉武帝时在宁夏修建的引黄渠——汉渠遗迹。

秋风楼。黄河在汉元光三年(前132年)瓠子决口后二十余年,汉武帝才下决心治理,派汲仁、郭昌发率数万人塞瓠子决口。《史记》载武帝亲临现场指挥,历史上留下美传。西汉元鼎四年(前113)(土神)时,在龙舟中所用《秋风辞》,其中有"泛楼船兮济汾河,横中流兮杨素波"的名句。"秋风楼"为后人据辞意所建。

大量木材，砍光了方圆百里的树木竹林，经过艰苦劳动，堵口工程初见成效。汉武帝曾作《瓠子歌》记载了决口的灾难、堵口的艰巨性及采取的措施。为了纪念堵口成功，在修复的堤坝上建立宣房宫。经过这次修治，黄河才流归故道，80年未造成大水灾。

汉发明井渠施工法

元狩三年（前120），为解决陕西西北洛水下游东岸10000多顷咸卤地的灌溉水源问题，汉武帝征10000多人挖龙首渠。

龙首渠中间有商颜山，由于土松渠岸易坍塌，当时的施工采用了井渠施工法。具体建造方法是从接近水源的地方起挖一条暗渠，然后每隔一定距离穿一个通往地面的竖井，使井与渠相连。龙首渠长达10余里，最深处井为40余丈，历时10年竣工，是一项极为复杂的工程。

龙首渠开我国隧道竖井施工法的先河。由于龙首渠渠长10多里，如果只从两端对挖，施工面积小，洞内通风、照明条件也差；采用井渠施工法，既增加了开挖工作面，加速了施工进度，又改善了洞口通风与采光条件。另外，龙首渠的开凿是在中间隔山，两端不通视的情况下同时施工的，在这种情况下进行渠道定线与多工作面同时施工，同时又要保持渠线吻合，工程难度较大，因此，它的开挖成功，也可见当时测量技术有相当高的水平。

井渠

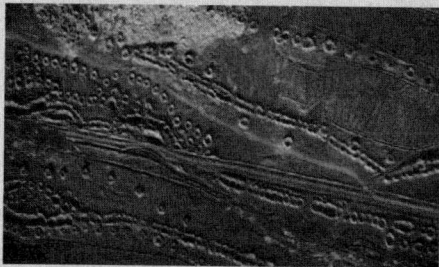

坎儿井。坎儿井始掘于西汉，是古代西域地区特殊的灌溉取水工程。图为从空中俯视的坎儿井。

井渠施工法汉朝时在西域得到推广，随着丝绸之路的出现，这项技术又传到中亚。

漠北大战·汉匈自此无大战

元狩四年（前119），汉、匈军队在漠北一带发生激战，汉军大胜。从此，匈奴远遁，汉朝基本解除了匈奴的军事威胁。

击败匈奴，是西汉商人地主的迫切要求。汉武帝审时度势，于前118年命大将卫青、霍去病等人率领远征军远征匈奴。卫青、霍去病各带领5万骑兵、4万随军运装行装之私人马匹和数十万步兵及转运者，分别从定襄（今内蒙和林格尔）、代郡（今河北蔚县）出发，越过漠北追击匈奴。

卫青率军行千余里度漠，扎环状营，以兵车自卫，然后命5000骑兵去单于阵中挑战，与万骑单于骑兵发生激战。天近傍晚时，漠上刮起大风，飞沙走石，于是卫青趁机令左右翼骑兵从侧面迂回包抄。单于战不能胜，守不能支，被迫撤营冒险突围，向北遁去。汉军乘胜连夜追击，直至颜山赵信城（今蒙古讷拉特山）。是役，卫青捕获或斩首匈奴军1.9万余人，大胜而返。

霍去病亦率军与匈奴左贤王之军作战，追至2000余里，把匈军逐出居胥山（今蒙古德尔山）以远。霍去病在战争中足智多勇，俘虏匈奴小王3人、将军和相国等高级官员83人。匈奴军死伤70443人。是役，令匈奴元气大伤，闻风丧胆。此后，匈奴长期游牧于漠北，无力南下。

通过漠北之战，匈奴远遁，漠南一带没有政权

砖范刻文。内蒙古自治区呼和浩特出土，正面有千秋万岁，安乐未央。从书体考察，应是西汉时物。它反映了汉与匈奴间长期和好的愿望。

匈奴双豹袭鹿铜饰牌

统治，亦不再受匈奴侵扰。而汉军也因骑兵缺少骏马，没有再次去漠北讨伐匈奴。这样，匈、汉相安无事，长期没有发生大规模的战争。

武帝战胜匈奴，打通了到塔里木盆地及中亚的商路，匈奴控制的河西走廊被汉朝接管。从此，在从中原到中亚的丝绸之路上，西汉的外交使节和商人源源不断，丝绸之路逐渐形成中西交流的一座桥梁。

匈奴古墓杂技壁画

汉武帝大兴水利

武帝时，水利事业蓬勃发展。他们已能有计划地运用多种方法利用自然的水源，控制自然的水源，进行人工灌溉。早在文帝时，就重视兴修水利，蜀郡

洛河。汉代由长安到钱塘的东西大运河，其重要性及规模并不亚于世界著名的京杭南北大运河。而东西大运河开凿的时代，则早于南北大运河一千四百年，它的南段为以后的京杭运河所利用。图为东西大运河中段的洛河遗迹。

太守文翁曾引水灌溉繁田一千七百顷。武帝大兴水利，如：穿渠引渭水，溉田万余顷；穿渠引泾水，注渭中，溉田 4500 余顷。还穿渠引汾水、河水、洛水以灌溉各地。朔方、西河、河西、酒泉，都引河或川谷以溉田；而关中、辅渠、灵轵引堵水，汝南、九江引淮，东海引巨定，太山下引汶水，皆穿渠以溉田各万余顷。其余披山通道的小渠更不计其数。而最负盛名的则是白渠的开凿，时有白渠之歌曰："举臿为云，决渠为雨，衣食宗师，亿万人口。"由此，我们可以想象当时水利事业的盛况，以及水利事业对于农业生产的益处。

张骞再使西域

元狩四年（前 119）汉武帝接受张骞的建议，再次命他组织使团出使西域。

前 139 到前 127 年，大探险家张骞已在西域各地游历 13 年，成为西域通。这次出使，目的是联络乌孙，以断匈奴右臂。乌孙原来臣服于匈奴，后兵力渐强，才摆脱了匈奴控制。张骞使团共有 300 名勇士，每人 2 匹马，还有万余头牛羊，以及价值数千万的黄金、钱币、绸缎、布帛等厚礼。

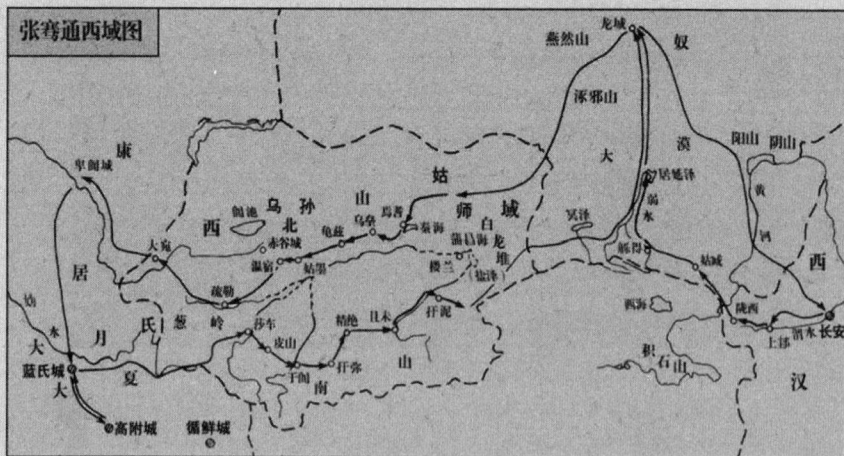

张骞通西域图

张骞率团抵达后，建议乌孙王归附汉朝，向东迁徙；汉朝愿把匈奴浑邪王的地盘封给他，还把公主嫁给乌孙王为夫人，两国结为亲家，共同防御匈奴。但乌孙不知汉朝版图实力，不愿东迁。张骞在乌孙未能完全如愿，就派副手持汉朝节杖，带着礼物，分别到大宛、康居、月氏、大夏等中亚国家联络，表示汉朝的友好。

元鼎二年（前115），张骞返回汉朝，乌孙派遣了几十名使者随同到长安报谢，开始与汉朝通商友好，不久，张骞所遣副使亦陆续返回，中亚各国多与汉朝开通往来。汉与西域交通从此揭幕。

李广自杀

元狩四年（前119），民族战争英雄李广自杀，西汉政府失去一名著名的将领。

李广曾经领军跟匈奴进行过大小战役70多次，每次都所向披靡，有进无退。因战功卓著，被人誉为"飞将军"。前119年，李广从卫青征战漠北，因奉命绕道东线，不幸迷失道路，贻误战机。卫青命长史究治李广失期后至之罪。时李广已60多岁，不愿再上公堂受审，慨然自杀。自杀前还勉励士卒

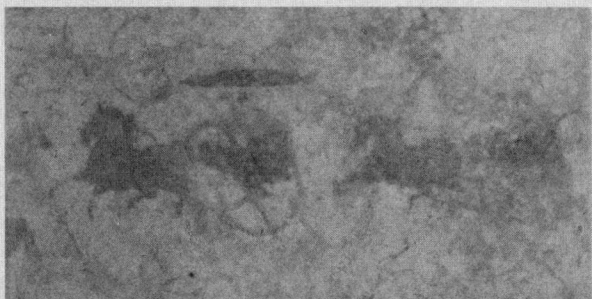

车马壁画。汉代对车马的使用有严格规定，等级分明。图中表现的是王公贵族所乘的辂车。

努力杀敌报国。

李广平日爱恤士卒，深得部下敬重。李广一死，士卒失声恸哭，悲痛不已。

司马相如病逝

元狩五年（前118），西汉辞赋家司马相如病逝，走完他的人生历程。司马相如生于蜀郡成都。他是汉代最富于天才的辞赋大家。其赋以宏大的结构、华丽的词语、铺张排比的艺术手法，反映了汉帝国处于上升时期的新兴景象。相如曾作赋29篇，其中以《子虚赋》、《大人赋》、《哀秦二世赋》、《长门赋》等为最有名。其《子虚赋》，历陈山川形胜及物产等，几若"地理志"，这成为后世赋的模式之一。司马相如之赋词藻靡丽，冠绝当时，继楚辞之后，又引导了一朝文学主流。他与卓文君的爱情故事还广泛流传民间。司马相如病逝，汉赋发展因之减色。传世《司马文园集》，常为后世文人学士研读。

汉军平定西南夷

元鼎六年（前111）春，汉军平定西南夷。

本年，且兰（今贵州都均北）君杀汉使及犍为太守，并率其众造反。西汉组织巴、蜀罪人，派遣中郎将郭昌、卫广为将，迎击叛军，诛且兰及邛君、笮侯，逐平定南夷，置为牂柯郡（郡治且兰）。夜郎侯始倚南越，南越灭后，夜郎侯觐见朝庭，汉封他为夜郎王。西夷冉、駹等国皆震恐，纷纷臣服于汉朝。汉朝廷即以邛都为越巂郡（今四川西昌东南），笮都为沈黎郡（今四川汉源东南），冉、駹为汶山郡（今四川茂汶东），广汉西白马为武都郡（郡治武都，在今甘肃成县西）。

持杖跪坐铜女俑。为古代云南滇族妇女的真实写照。

持杖跪坐铜男俑。为古代云南地区滇族男子的真实形象。

博南古驿道。前122年，张骞自大夏国回国之后，向汉武帝建议开辟西南道路。前105年，汉廷大规模开凿博南山道。通澜沧江。图为距今已二千多年的永平县段上的"九曲十八湾"。

汉征四方

西汉武帝时，政权如日经天。武帝刻意经营边疆地区，不断派军征讨四方，胜利进军，创造了辉煌的业绩。

武帝即位数年，即征讨东瓯、两粤、江淮之间；唐蒙领军凿山通道千余里，臣服西南巴蜀之民；东北则收朝鲜，置苍海郡。最浩大的征伐是汉匈之

西汉彩绘骑马俑。充分显示汉军的威武阵容。

战，可谓兵连而不解，年年共其劳。当时，羽檄飞驰，急如星火，号角之声，遍于全国，到处都可以看到开上前线的军队。这些远征军或楼船浮海，或开山劈道，或轻骑出塞，或重装屯田，前仆后继，征战不绝。

汉朝的战事，大都在短期内胜利结束。随即在该地设置郡县治理，并移民实边，如平西南夷置五郡，败匈奴置四郡。

匈奴是汉经营疆域的最大敌手。匈奴又控制中原到西域的唯一通道河西走廊，所以，汉朝以全力进行对匈奴的战争。前121年，西汉的军队，终于完全占领了河西走廊，打通了到塔里木的通路。

西汉的势力很快就支配着塔里木盆地诸国，但匈奴的小组骑兵，仍然出没于天山南北，遮去西汉的外交使节和商人。西汉的势力一天天西展，到前102年，李广利竟征服了大宛国（今哈萨克、乌兹别克一带），把汉朝的势力推进到中亚。

在日益扩大的战争中，也涌现了许多民族战争的英雄，如：王恢、韩安国、唐蒙、李广、卫青、霍去病等人。在这些英雄的统率下，西汉对匈奴、西羌、南蛮、东夷的征战，基本都胜利凯旋。

西汉政府在奠定我国疆域的事业中，在中国历史上创造了一页空前辉煌的纪录，同时也促进中外交通的发展和民族融合。

落下闳参与改革历法

元鼎六年（前111），司马迁向刘彻建议改革历法，并推荐落下闳参与制定。

落下闳提出了"八十一分律历"，被刘彻采纳，根据此，落下闳又创制一部天文观测仪——落下闳伙。此仪外形是一个浑圆球体，周长25尺左右，直径8尺；圆球由赤道环和其他几个圆环重叠组成，环上刻有周天度数和28宿星座的距度；圆环有固定的，也有绕天轴自由转动的，球体中间装置有直径1寸的窥管。观测时，只要转动圆环，以窥管瞄准某个天体，即能在圆环的刻度上推定此时的日、月、星辰的方位。经过近7年的观测和累积，终于编成一部新历法，即太初元年（前104）颁布的"太初历"。

"太初历"是中国古代有文字记载的第一部完整的历法，中国第一次科学地测算了135个月的日触周期。它测定的五大行星会合周期，与现代天文科学所测定的数值相比，误差最大的火星只有0.59日，而误差最小的水星，仅差0.03日。"太初历"，还规定以每年孟春正月初一为岁首。

汉武帝巡行天下封于泰山

元鼎四年（前113）至元封元年（前110），雄才大略的汉武帝为了体现"皇恩浩荡"而巡行天下各郡国，声势极为浩大。

汉武帝（前156～前87）刘彻，前141年即西汉皇帝位，在位时间长达55年。他在加强中央集权、选贤举能、经营疆域、发展儒学等方面均有重大举措，是秦始皇之后又一位具有雄才大略的封建帝王。

和所有的封建帝王一样，汉武帝也喜欢到各地巡游，或为游乐，或为求仙，

泰石刻石残字

或为封疆。早在前138年，武帝就经常作小范围的巡行。此后，大规模巡行天下共有三次，分别至郡国、朔方和至海上封禅。

元鼎四年（前113），汉武帝始巡郡国。首先东渡黄河至河东（今山西夏县），河东太守因不愿武帝驾临而自杀；后又西行至陇西（今甘肃临洮），陇西太守因招待不周，畏"罪"自杀；又北出萧关（今宁夏固原），行猎到新秦中（今内蒙河套及鄂尔多斯），因见新秦中人烟稀少，遂令百姓迁徙于此，以充实边疆，并除其算缗令，促进经济发展。

元封元年（前110），武帝欲仿照古巡狩行封禅事。是年正月，武帝东巡至海上，寻求长生不老之方。当时齐地方士供出了神怪奇方无数，可全没有应验。因求方心切，武帝甚至令数千人入海求蓬莱神人。四月，武帝再次东巡海上，封泰山下东方，如郊祠泰一之祠；封广丈二尺，高九尺，其下藏玉牒书。如此这般封禅之后，又登泰山封禅，并因此下诏改年号为元封，规定每五年修封一次。

同年十月，汉武帝又北巡，登单于台，抵达朔方（今内蒙杭锦旗北）。这次巡行十分浩大，共有骑兵18万，数千里旌旗漫漫，威震匈奴。并遣使告知匈奴单于，要么速来决战以分胜负，要么不战即速表示臣服于汉。但是匈奴不愿到边地决战，而是遣使要求和亲，以示睦谊。汉武帝没有取得预期结果。

汉武帝屡次巡行各地，从骑动辄数万人，挥霍无度，堪称劳民伤财。巡行可张其国威皇威，但有好大喜功之嫌。特别是因迷信神仙，为方士术数所蛊惑而多次巡游各地，热衷于封禅和郊祀，这不但导致财源匮乏、迷信泛滥，还加剧了阶级矛盾。兴盛之中已经显现了危机的预兆。

丝绸之路形成

　　前138年和前119年，汉武帝两次派遣张骞出使西域，正式开辟了中国与欧亚各国的陆地交通路线。当时，从长安经甘肃凉州武威抵达对外通商的西陲城市敦煌，从敦煌出发通往欧亚各国的商路有两条：一条沿昆仑山北麓经今新疆境内翻越葱岭（今帕米尔高原）南部经大月氏（今阿富汗境内）、安息（今伊朗）诸国再抵达地中海，或南行至身毒（今印度），此为南道；一条沿天山南麓西行经今新疆境内翻越葱岭北部经大宛（今费尔干纳盆地）、康居（今撒马尔罕附近）、奄蔡（临今里海）诸国，再西行抵达大秦（罗马），此为北道。北道和南道都在高山、沙漠和高原之间蜿蜒伸展，使节、求法高僧和驼商队伍往来其间，主要货物是丝织品，也有宝石、香料、药材和玻璃器具等。自张骞出使西域以后，中国大量的丝织品沿着张骞通西域的道路运往欧亚各国，历经东汉、魏晋南北朝和隋唐时期，直到元代由于蒙古西征破坏了中西亚的经济和文化后才开始衰落。这条横贯亚洲的中西陆路交通主要是运销中国

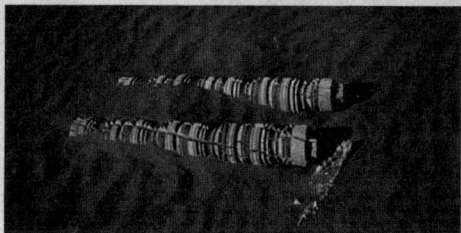

旋刻纹木柱。在古丝绸之路上，考古工作者发现了旋刻着精美花纹的一对木柱，各长76厘米。这对木柱的年代及其用途尚无定论，有人认为与宗教有关。

阳关遗址。阳关是汉王朝在河西走廊上建立的两座著名的关隘之一，丝绸之路开关初年，商队主要经南道横贯亚洲大陆，阳关扼其咽喉。

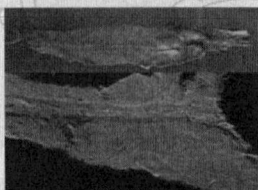
丝绸之路上出土的罗、绯色绢

织锦

的丝织品而闻名于世界，因此被中外历史学家誉为丝路或丝绸之路。

玉门关遗址。汉代建立。

提英木古城遗址。又名安得悦古城遗址，在安迪尔河下游东岸的沙漠深处，距民丰县城约180公里，也是丝绸之路上的一个重镇。图为残存的城墙和佛塔遗迹。

西方人穿的中国丝织服装。丝织品始终为中西贸易的重要商品。西方人甚至将丝绸的价值比作黄金，在古罗马只有上层社会的人才能穿丝绸服装。图为雅典博物馆展出的中国古代丝织服装。

丝绸之路把欧亚大陆的几个国家和地区中国、安息、希腊、罗马、大食和马其顿等联系起来，在古代中西内陆贸易活动中具有很重要的地位。几千年来，中国和欧亚各国人民沿着这条长达几千公里的丝绸之路进行了极为丰富的政治、经济和文化交流。除经常互派使节进行友好访问外，还彼此输送自己的物产和技术。新疆和中亚各地的特产如石榴、芝麻、蚕豆、大蒜、胡萝卜以及骆驼、驴等传入中原地区，增加了中原农牧产品的品种，促进了黄河地区经济的发展；新疆和中亚琵琶等乐器以及舞蹈传入中原，丰富了中原人民的文化生活。同时，印度的佛教通过大月氏传到了中国各地。另一方面，中原地区冶铁、造纸、穿井等先进技术传入亚洲和欧亚各国，也有利于当地经济的发展。公元5世纪，中国的养蚕技术经由伊朗传入东罗马，罗马人民把中国称为丝国，并在京城开设了专门销售中国丝绸的市场。西汉开辟的丝绸之路推动了东西方物质文明和精神文明的交流，对于发展中国各族人民和中国与欧亚各国人民之间的经济和文化交流起着很大的促进作用。丝绸之路无论从内涵还是从外延上都远远超过了其本意，成为一个东西方文明互相交往的同义语。

朝鲜降汉

元封二年（前109），汉武帝招募天下被判死罪的囚犯为兵，由楼船将军杨仆、左将军荀彘率领，分水陆两路进攻朝鲜。

元封三年（前108）十二月，朝鲜王右渠发兵据险抗拒。杨仆、荀彘两军先后受挫。武帝派遣卫山到朝鲜宣扬兵威，劝降右渠。右渠接受劝降，并派遣太子入汉朝进贡致谢。但汉使卫山及左将军荀彘要解除太子及部众武装，太子引兵复归。汉两军进围右渠，数月不下。武帝降罪杀卫山，又派济南太守公孙遂前往朝鲜督战。公孙遂疑心杨仆私通朝鲜，设计将其逮捕，两军合归荀彘指挥。武帝又诛杀公孙遂。此后汉

汉代战船（模型）

军加紧进攻。这年夏天，朝鲜尼谿相参使人杀朝鲜王右渠降汉。荀彘又平定了右渠大臣成己的谋反。于是，朝鲜平定。汉武帝在朝鲜设乐浪、临屯、玄菟、真番四郡，客观上有利于中朝之间经济、文化交流。此后，倭（古代日本）使经朝鲜驿通于西汉的有30余国。

司马迁开始撰《史记》

太初元年（前104），司马迁开始动手撰修《史记》。

司马迁（前145～前86，另一说前135～前93），字子长，夏阳（今陕西韩城南）人。其父司马谈是专管文史星历的太史令，熟悉历史，通晓先秦诸子学术。司马迁幼时随父到长安学习经史，并曾问学于经学大师孔安国、董仲舒等。20岁后旅行全国，足迹遍及长江、黄河流域，不久又以天子的近臣"郎中"奉使到过现今的四川、云南一带。还随汉武帝巡视各地，游览名山大川，查看风物，采访史迹。元封三年（前108），司马迁继父职任太史令。从此得以饱览皇家的藏书与档案，准备继承其父未竟之业。太初元年（前104），司马迁与唐都、落下闳等共订太初历。与此同时，开始撰修《史记》。

刺史监察制度设立

四骑吏启戟画像砖。此画像砖主要运用浅浮雕手法，着力刻划四名马吏。图上四马生动活泼，姿态各异。

元封五年（前106）四月，汉武帝初置刺史。除三辅、三河、弘农7郡外，将全国分为冀、幽、并、兖、徐、青、扬、荆、豫、益、凉及朔方、交趾等13州（部），每州（部）设刺史一人。刺史每年八月巡视所部郡国，省察治状，断理冤狱，以"六条问事"考查郡县长吏。一条，强宗豪右，田宅逾制，以强凌弱，以众暴寡；二条，二千石背公向私，侵渔百姓；三条，二千石不恤疑狱，肆意杀人；四条，二千石选置不平，苟阿所爱，蔽贤宠顽；五条，二千石子弟依仗权势，请托所监；六条，二千石阿附豪强，割损政令。刺史年终回京师奏事。刺史内隶于御史中丞，还受丞相司直监督。其出巡时若不忠于职守，便会受到弹劾和处分。

刺史制度是一项打击诸侯王、郡守和地方豪强的措施，是一种比较严密的地方监察制度，对于加强中央集权起过重要作用。至东汉，刺史职权进一步加强，演变成郡县之上的一级行政建制。

李广利伐大宛

太初元年（前104）八月，汉武帝派车令等人携黄金、金马等礼物去求换大宛良种马——汗血马，大宛王毋寡拒绝交换并劫杀了傲慢的汉使，抢夺财物。武帝闻讯后即拜李广利为贰师将军，征发属国6000骑及郡国恶少年数万人，讨伐大宛。

太初二年（前103），李广利率军出玉门关向大宛进发。沿途小国各守其城，不向汉军供给。汉军闯过盐泽和沙漠至大宛东边郁成时，只剩下数千人。汉军向郁成发起进攻受挫，伤亡惨重，只能引兵撤退。回到敦煌时只剩下十分之一二。汉武帝闻讯大怒，传令玉门关：汉军敢有入关者，一律处斩。李广利只好驻兵敦煌。

太初三年（前102），汉武帝征发囚徒、恶少年及边骑共6万人，由李广利率领出敦煌再次进攻大宛。并征集3万匹马、几万头驴、骡、骆驼以及10万头牛组成一支运输队，保障军需补给。不久又增发七科谪和甲卒18万屯驻酒泉、张掖北面作为策应。汉军进至大宛，围攻贰师城40多天。大宛发生内讧，亲贵大臣杀其王毋寡降汉。汉军得汗血马数十匹，中马以下牝牡3000余匹，立亲汉贵人昧蔡为大宛王并与之结盟。回师途中，李广利命搜粟都尉上官桀攻灭郁成，杀郁成王。从此西域多遣使来汉朝贡献。

太初四年（前101），李广利获汗血马归汉，武帝命人作《西极天马之歌》以纪其事。

苏武使匈奴

太初四年（前101）冬，匈奴呴犁湖单于死，其弟且革是侯立为单于，为与汉修好，遣使送回以往扣留的汉使路充国等人。天汉元年（前100）三月，汉武帝为回报匈奴善意，派中郎将苏武、副中郎将张胜及随员常惠等出使匈奴，送还原被扣的匈奴使者，并厚馈单于财物。

西汉车马人物饰牌。北方游牧民族服饰品。

西汉双兽饰牌。匈奴贵族服饰品。

苏武等到达匈奴后，原降匈奴的汉人虞常等人与张胜密谋，欲劫持单于母亲阏氏归汉。事发后累及苏武，苏武不愿受辱，自杀未就。单于敬重他，派汉降臣卫律劝降。苏武对常惠等人说："屈节辱命，虽生，何面目以归汉！"拔刀自刺，被卫律抱而抢夺佩刀，未死。尽管卫律软硬兼施，苏武不为所动。于是单于把苏武幽禁在地窖中，断绝饮食，以此逼他就范。苏武吞旃饮雪，坚持数日不死。匈奴以为神，就将他流放到边远的北海（今贝加尔湖）无人烟的地方，放牧羝羊（即公羊），说："羝乳（产子）乃得归。"

董仲舒病逝

太初元年（前104），董仲舒病逝。

董仲舒（前179～前104），汉代广田（今河北枣强东）人，是思想家、政论家和著名学者。少时学《公羊春秋》，景帝时任博士。刘彻（武帝）时期，先后任江都相和胶西相，后病免居家，以修学著书而终。其思想学说主要反映在《天人三策》和所著《春秋繁露》中，主要内容如下：

①天人感应说：董仲舒认为，自然界的天是有意志的，天按照自己的模样创造了人类，如天有金、木、水、火、土五行，人有心、肝、脾、肺、肾五脏；天有春、夏、秋、冬四时，人有四肢；天有阴阳、人有哀乐等。人的形体

董仲舒像

结构、思想意识，几乎无一不是天的雏型，所以，天人之间相互感应。天拥有至高无上的权威，在人间，它将权威授予君主，所以，君权是神授的。君主代天治理人民。

②大一统说：他认为，《春秋》大一统的思想，是天地之常经，古今之通议。一切归于"一"。政治上与思想上也必须统一。政治上诸侯不得自专，思想上罢黜百家，独尊儒术，摒弃一切邪辟异说。

③三纲五常说："三纲"即"君为臣纲"、"父为子纲"、"夫为妻纲"。"五常"即仁、义、礼、智、信。他提出"王道之三纲，可求于天。天不变，道亦不变。"

董仲舒的思想学说，对汉武帝加强中央集权，实行封建专制起了重要的

作用。对以后中国历史也产生了巨大影响。

儒家在中国的地位是在汉代形成的，其中董仲舒功劳最大，但奇怪的是他从形式上讲与儒家相去最远，也很少有后代儒家自称从他那里发展出来。

董仲舒把前人的抽象方式换为可理解的具体事物，他把天人性格化为有性格感情的宗教神，把天、地、阴阳、人与五行并列为十端，把五行落实为君臣、父子关系，把变易的哲学变质为感应，发展了灾变论，为了解释五行循环任意编造历史，他不懂孟子的性是心之发，而分性为三品，他把孔子的礼具体化为三纲（五常），使得孔子乐教精神完全丧失，儒家成为封建伦理体系的辩护士。

总的说来，他是由阴阳五行说（神秘化了的）来规范儒家的内容。他一方面将五行神秘化，一方面将儒家思想具体化，二者结合就实质改变了儒家的性质。但他也有明显的法家化倾向，三者结合构成了一个坏的儒家古典主义标准。

他这一套在汉代有很大影响，例如刘向就基本上与他一致。

他的思想是灾变、谶纬的先驱，在汉代中叶的这两种思想中，阴阳五行、周易、宇宙论与天文、数术、数学和历史结合，成了一个庞大的体系，是汉代宇宙论方面的综合方向。它与今古文经学的再综合就表现为《白虎通》。

汉崇尚五帝太一

前206年，刘邦立黑帝祠，使五帝祭祀完备，至此，古代至上神天帝正式一分为五。汉武帝（前140～前86）时为了加强和巩固中央政权，增强了至上神的唯一性，崇拜太一神，而将五帝立于太一神的辅佐的地位。汉初基本上是崇尚五帝太一。

汉高祖刘邦起兵时，就说他是赤帝子下凡，要以赤帝崇拜取代秦代的白帝崇拜。《史记·封禅书》说，刘邦东击项羽，入关之后，又设立黑帝祠，完备了五帝祭祀，古代至上神天帝正式一分为五了。刘邦补足五帝祭祀后，恢复保持秦朝已有的宗教祭祀活动，表现出他对传统宗教信仰的重视，并极力使其臻于完美。五帝崇拜建立了。汉文帝（前 179～前 156）祠雍五畤，在渭阳建立五帝庙，一宇五殿，方位和门色都按五行说安排，又在长门立五帝坛，继续五帝崇拜。汉初五帝崇拜一直延续下去了，但汉代历代朝廷对于汉代应立五德中哪一德看法并不统一。汉初崇尚水德，重黑帝。贾谊以为汉继秦统，应尚土德，色尚黄，数用五。丞相张苍认为汉仍水德之始，以黄河决堤为水德的显现。直到汉武帝太初元年（前 104），正式按土德改制，色尚黄，把寅月作为一年之首，官名及印章也都用五字。说明五帝崇拜和所崇尚的五行之德的建立，不仅仅是宗教事宜，也直接影响了国家政治典制和社会生活的格调。

但是五帝崇拜模糊了至上神的观念，削弱了至上神的唯一性，不利于汉帝国中央政权的统一和巩固，武帝时出现了再建天界主神的创造活动。《封禅书》说，亳人谬忌奏祠太一方，曰天神贵者太一，太一佐曰五帝。古者天子以春秋祭太一东南郊，用太牢，七日，为坛开八通之鬼道。汉武帝便命令太祝在长安东南郊建立太一祠，非常虔诚地敬奉。从此，五帝降到上神太一的辅佐的位置，不再拥有和上帝享受同等权威的权力。"太一"一词，原本见于《庄子天下》、《吕氏春秋·大乐》、《淮南子·诠言》、《礼记·礼运》，本指天地混沌未分时的原始状态，这时则把它变成天界的主神，使之神化了。太一神相当于至尊天神。这样，在汉武帝时，这种以太一神为首，以五帝神为辅佐，统领山川日月风雨诸神的一个新的天神系统形成了。

五帝太一神系统的完善，既反映了汉初帝王重视传统的宗教信仰，力促其臻于完美，又反映了中央政权的统一和巩固的需要。五帝太一神系统对后世也产生了深远影响。后来历朝的天神崇拜，除了将太一改称昊天上帝外，其它都沿袭西汉人尊崇的天神格局，五帝大致都被放置在昊天上帝之下，众神之上。

汉武帝建造建章宫

西汉太初元年（前104），武帝刘彻在长安城外、未央宫西侧兴建了大型的建筑组群——建章宫。建章宫周回30里，规模宏大、布局复杂、装修侈靡，规格超过未央宫，而且跨城筑有飞阁辇道，从未央宫直至建章宫。宫外则筑有城垣。

"夏阳扶荔宫"砖文。夏阳是韩城古名，扶荔宫是汉武帝时修建的避暑名宫之一。扶荔宫内的遗物。

建章宫号称"千门万户"。从正门圆阙、玉堂、建章前殿和天梁宫形成一条中轴线，其他宫室分布在左右，全部围以阁道。中轴线上有多重门、阙，正门是高25丈的璧门，属于城关式建筑。在璧门北边，有高25丈的圆阙，圆阙左有别凤阙，右有井干楼。进圆阙门内200步，就是建在高台上的建章前殿，气魄十分雄伟，比未央宫要高。

建章宫东面是高20余丈的东阙，西面是方圆数十里的虎圈，北面有泰液池，池边矗立20余丈高的渐台，池中有蓬莱、方丈、瀛洲三岛，南面则有玉堂等殿。另有神明台、井干楼高50余丈，各处都有辇道相通。其中神明台是祭金人的地方，有捧铜盘玉杯的铜仙人在承接雨露。泰液池则是一个相当宽广的人工湖，因池中筑有三神山而著称。三座山浸在大海般的悠悠烟水上，水光山色，相映成趣；池畔有石雕装饰，遍布水生植物，岸上禽鸟成群，生意盎然，开后世自然山水宫苑的先河。宫内还有占地面积很大的狩猎场，豢养众多动物。

建章宫的建造，创造出一种将宫殿、离宫别馆及苑囿结合在一起的新型宫苑。而泰液池、"一池三山"的布局，开创了池内筑仙山园艺风格，常为后世皇家苑囿采用。如清代的圆明园，就是一例。

李陵降匈奴

天汉二年（前99）九月，名将李广之孙、擅长骑射的骑都尉李陵率领五千步卒从居延出发，向匈奴境内进击。李陵军前进到浚稽山时，与匈奴单于相遇。匈奴三万骑兵包抄进击，李陵指挥将士英勇奋战，击杀匈奴数千人。单于大惊，又召左、右地兵八万余骑进攻汉军，李陵率部下机动应战。数日后至一山谷，与匈奴骑兵再次拼搏，又斩杀匈奴三千余人。后李陵军转移至一山底，他指挥部下隐没在树丛中，射杀匈奴数千人。匈奴单于见汉军作战顽强，且往南撤退，怀疑汉有伏兵，欲引兵撤退。这时，李陵军侯管敢投降匈奴，泄露了汉军兵力情况。单于得知李陵孤军作战，于是全力围击，李陵率众将士拼死力战，最后箭弩用尽，后退无路，被俘后投降。

虎驼相斗铜饰牌。西汉北方草原游牧民族特点的青铜文物。

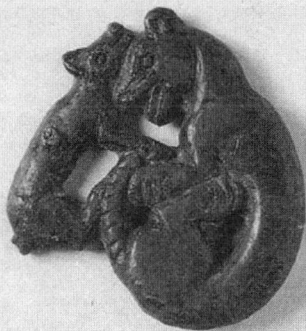

子母豹铜饰牌。西汉北方草原游牧民族特点的青铜文物。

司马迁受宫刑

西汉史学巨匠司马迁像

天汉二年（前99），汉武帝得知李陵被俘后投降匈奴，非常震怒，召集群臣商议治李陵的罪。大臣们都数说李陵不该投降匈奴，只有太史令司马迁为李陵辩解。他说，李陵率领不足五千步兵，深入匈奴腹地，打击了几万匈奴骑兵，直到最后，武器用尽，后退无路，援军又没希望赶来，仍然与匈奴兵殊死拼搏，就是古代的名将也不过如此。他虽然打了败仗，可是杀了那么多的匈奴兵，足可以向天下人交代了。李陵不肯以死来尽节，一定是想以后将功赎罪来报答陛下。汉武帝认为司马迁所讲的乃是荒谬的毫无根据的"妖言"，是想为李陵游说，破坏李广利将军声名，于是下令将司马迁打入大牢，并处以宫刑。

汉武帝作沉命法

天汉二年（前99），武帝令作"沉命法"，以对付那些敢于藏匿起义者的人。

汉武帝后期，由于巡视过多，征调频繁，官吏残酷暴虐，农民起义不断爆发，大到数千人，小的也数百人。他们攻打城邑，夺取武库，释放囚犯，杀死官吏，断截交通。汉武帝派光禄大夫范昆等发兵镇压，有的郡被斩杀的起义农民多至万余人，可是起义队伍散亡之后又重新聚集，官府对他们无可奈何。武帝于是令作"沉命法"，意即敢藏匿起义者就没命。法令还规定凡二千石以下至小吏察捕不力者，皆处死刑。沉命法颁布后，主管小吏唯恐不能如期破案而招祸，经常隐匿起义者情况，上下级之间也互相欺隐。

李广利降匈奴

征和三年（前90）李广利奉命率军出击匈奴。不久，他与丞相刘屈牦谋立昌邑王之事被人告发，丞相被腰斩，其妻也被捕下狱。李广利得知这一消息非常惊恐，想要冒死去求功赎罪，就派遣护军将二万骑兵渡郅居水，与匈奴左贤王、左大将的二万骑兵交战。汉军奋勇拼杀，杀死匈奴左大将和众多匈奴骑兵。这时，汉军长

错金饰铜羊。西汉北方草原游牧民族特点的青铜文物。

史暗中察觉到李广利怀有异心，就与辉渠侯密谋一起共俘李广利，李广利发觉后将长史处斩，并引兵撤退。匈奴单于亲自率领五万骑兵前来阻击。双方交战，死伤无数。到夜晚时，匈奴兵发动突然袭击，汉军大败，李广利兵败后投降匈奴。汉武帝听到这一消息，下令诛灭李广利宗族。

汉武帝刘彻祀神求仙

汉武帝刘彻即位后，受方士们的诱惑，很喜欢祀神求仙。方士请他祭祀泰一，他就命太祝于长安城东南筑泰一坛，每天一具太牢，连祭7天。有人

"延年益寿"画像砖

请他祭三一即"天一"、"地一"、"泰一"，刘彻又照办于泰一坛上一块设祭。元鼎五年(前112)，刘彻于甘泉立泰畤坛，以白鹿和白牦牛为祭，天子于黎明时行郊礼，对泰一下拜。早晨祭日，黄昏祭月。

元鼎四年（前113），刘彻巡行到汾阴，筑后土祠，祭礼与郊祀上帝同。于是天地之祀有了固定地点，祭天在国都西北的甘泉，祭地在国都东北的汾阴。

刘彻的求仙大致可分为三部分：其一是召鬼神。如命方士少翁召李夫人魂灵。其二是炼丹沙。如李少君鼓动他以丹沙所变黄金铸饮食器可以长寿成仙。其三是候神。如命公孙卿到名山访仙人，但无法得见，只好在建章宫北的泰液池中筑蓬莱、方丈、瀛州3岛，又雕刻许多石鱼、石鳖排列上面，以自我安慰。

刘彻的郊祀与求仙，对汉代政治生活具有重要影响，甚至古代帝王的年号，也是由刘彻获麟而创始的。元狩元年，他到雍县祀五帝，猎获一白麟，群臣即请定该年为"元狩"元年，即过去18年画为3段，前6年号"建元"，中6年号"元光"，后6年则号"元朔"。

汉武帝颁轮台罪己诏

征和四年（前89）六月，搜粟都尉桑弘羊向武帝建议：轮台（今新疆轮台）东部有5千多顷土地可耕种，请求派兵驻扎，修筑亭障，移民屯田。武帝不予采纳，反而下诏追悔以往长年征伐，使士兵死亡、妻离子散，至今想起令人心痛。轮台在车师以西一千余里。先前收服车师，因环境恶劣，路途遥远，死了不少人。现在又请求派士兵和百姓到更遥远的轮台屯兵开荒，这不是又要劳民伤财，扰乱天下吗？于是宣布："当今务在禁苛暴，止擅赋，力本农，修马复令，以补缺，毋乏武备而矣。"从此不再用兵。

轮台罪己诏的颁行，标志汉武帝在政策上的根本改变，也对以后"昭宣中兴"局面的出现有积极的影响。

盐铁会议

始元六年（前 81）二月，汉廷召开盐铁会议，总论武帝时政策得失。

汉武帝曾任桑弘羊为理财官，把一度被私人垄断的冶铁、煮盐、酿酒等行业收归政府，由国家垄断经营。这种盐铁官营的措施久生弊端，激起民怨。

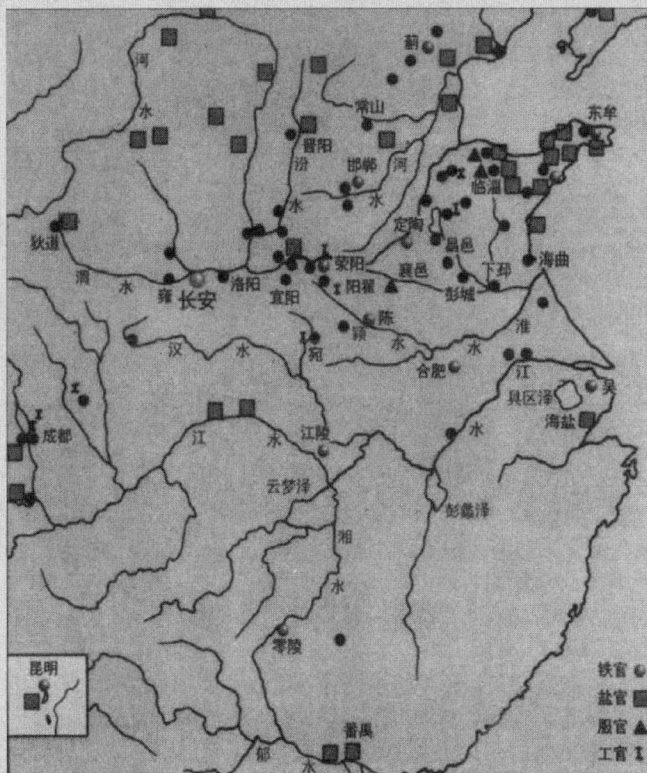

昭帝始元六年（前81）二月，经谏大夫杜延年提议，霍光以昭帝的名义，令丞相田千秋、御史大夫桑弘羊召集郡国所举的贤良文学60余人，商论时政，特别是对盐铁专卖政策进行总结。贤良文学一致反对盐铁专卖政策，"愿罢盐、铁、酒榷、均输官，毋与天下争利，示以节俭。"只有桑弘羊认为实行盐铁专卖对改善国家财政、抵御匈奴侵扰起过很大作用，不可废止。此外还对与匈奴和战问题，法治与德治问题等进行了辩论。最后大家都肯定武帝的基本政策，同时也认为随时势变化应对这些政策有所调整。同年七月，在霍光主持下，取消了酒专卖政策，"罢榷酤官"，在部分地区停止铁器专卖，其他政策不变。

这次会议留下了详细记录，汉宣帝时由桓宽整理成书，即现存《盐铁论》，共60篇。这是研究西汉经济思想的重要文献。